D1829668

Hans Carossa, geboren am 15.12.1878 in Bad Tölz, ist am 12.9.1956 in Rittsteig bei Passau gestorben.

»Das Väterliche – was ist es? Eine Macht der Sammlung, der Ordnung und der Güte. Etwas wie Reife und Weisheit, und so wohl auch ein Stück Ferne und Distanz. Aber zugleich dann – sonst wäre es das Väterliche nicht – eine Bereitschaft, dem Schalk rechtzugeben, in die Spiele der Kindheit zurückzukehren, den großen Urbildern zu vertrauen, vor denen wir lebenslang Kinder bleiben, wir alle ... jetzt eine Blume betrachtend, jetzt eine Katze, jetzt – tief im Ernst – ein menschliches Antlitz. So hat sich vor uns die Carossa-Welt aufgetan, so kam sie uns nahe.«

Albert Goes

insel taschenbuch 296

Carossa

Verwandlungen einer Jugend

HANS CAROSSA
VERWANDLUNGEN EINER JUGEND

INSEL

insel taschenbuch 296
Erste Auflage 1977
© Insel Verlag 1928
Alle Rechte vorbehalten
Vertrieb durch den Suhrkamp Taschenbuch Verlag
Umschlag nach Entwürfen von Willy Fleckhaus
Satz: Fotosatz Tutte, Salzweg-Passau
Druck: Ebner, Ulm
Preinted in Germany

VERWANDLUNGEN
EINER JUGEND

Einstand

Nach abgelegter Aufnahmeprüfung am humanistischen Gymnasium zu Landshut wurden sämtliche Neulinge noch einmal in die Heimat entlassen, doch nur für drei Tage, dann fing der Unterricht an. Die meisten hatten in der Stadt Bekannte, bei denen sie wohnen durften; ich dagegen rückte mit mehreren anderen in die staatliche Erziehungsanstalt ein, die jener Schule angebaut ist. Zur Prüfung hatte mich die Mutter begleitet; nun aber, zum ersten Male im Leben, reiste ich allein, fand mich auch anfangs in den freundlichen Straßen wohl zurecht, verlor aber am Ende doch die Richtung zum Jodoksplatz, wo hinter alten Kastanien und Akazien die Studiengebäude liegen. Während ich, die Reisetasche in der Hand, zur mächtigen Burg Trausnitz aufsah, die mir zwischen sonnigen Wolken überall folgte, sprach mich eine Dame an, bezeichnete sich als gute, beim Herrn Rektor wohlangeschriebene Gymnasiastenmutter und empfahl mir, falls ich Unterkunft suchte, ein Zimmerchen.

Ein Blick in ihr Gesicht genügte mir, um sie für die schönste Frau der Welt zu halten, und was ich jemals von unmittelbaren himmlischen Eingriffen in irdisches Geschick vernommen, schien mir aufs erfreulichste bestätigt. Ich verhehlte nicht, daß zwar ein Platz im königlichen Institut für mich bestellt wäre, dies hätte aber nichts zu sagen, tausendmal lieber ginge ich mit ihr, und gleich würde ich es meinen Eltern schreiben. Zu meiner Betrübnis erschrak die Herrliche bei meinen Worten sehr; das könnte eine nette Geschichte geben, meinte sie, es tue ihr leid, aber unverzüglich müsse ich den Weg zum Seminar – so nannte sie die Anstalt – fortsetzen. Mein Enttäuschtsein bemerkend, gab sie mir wenigstens das Geleit und beschenkte mich sogar mit einer Tüte voll dunkelroter Erdbeeräpfel, die sie von einer Obstfrau kaufte.

Als wir endlich vor dem großen graugrünen Hause standen, in welchem ich künftig mein Leben zubringen sollte, zog sie selbst mit grausam fester Hand für mich die Glocke. Dann gab sie mir, Glück wünschend, einen leichten Schlag auf die Wange, und gleich darauf stand ich in einem unübersehbaren Gang, dessen linke Wand von vielen quadratischen Fenstern durchbrochen war. An der Gegenwand reihten sich dicht aneinander die hellbraunen, schwarz bezifferten Schränkchen der Zöglinge. Nur wenige Knaben gingen auf und ab; einer, nahe dem Eingang, durchkramte gerade seine Sachen, ihn beschloß ich anzureden:

»Kannst du mir sagen, wo die von der ersten Klasse hingehören?«

Er antwortete nicht sofort, sondern sperrte erst umständlich seinen Kasten ab und steckte den Schlüssel ein; dann trat er, die Hände in die Hüften stemmend, vor mich hin und musterte mich: »Erlauben Sie mir, – haben wir eigentlich schon einmal zusammen Schweine gehütet?«

Er war ein hübscher schmalwangiger Junge mit hohem, blondem Schopf und ungewöhnlich scharfem Blick, als blauer Matrose gekleidet, mit überaus flottem Schlips. Ich mußte gestehen, daß ich mich nicht erinnerte, worauf er, die Hände ringend, noch näher trat:

»Entartung frißt um sich, es brüllt zum Himmel! Ein windiger Erstklassist, noch mit Heimwehtränen beschmutzt, hat kaum seine lächerliche Prüfung bestanden, da geht er her und spricht einen Zweitklassisten mit du an. Wissen Sie, welche Strafe darauf steht?«

Niedergedrückt und zugleich angemutet von der Sicherheit und Geprägtheit seiner dialektfreien Rede, schwieg ich zuerst, wollte aber doch die kränkende Heimwehverdächtigung nicht auf mir sitzen lassen und versicherte ihm, daß ich nichts dergleichen verspürte. Ja, da er zweifelte, bat ich ihn ans Fensterlicht und hielt ihm die weitgeöffneten Augen entgegen, um deren völlige Unverweintheit zu beweisen. Sein Zorn schien gelindert. Ich bückte mich nach meinem Reisesack, um weiterzugehen; dabei entfielen mir die dunkelroten Erdbeeräpfel der fremden Frau und rollten weit im Gang umher.

»Persönlich habe ich übrigens durchaus nichts gegen die Erstklassisten«, fuhr der Blaue fort. »Im Gegenteil. Sie können mich sogar zu Hilfe rufen, wenn Ihnen jemand etwas tut. Auch gestatte ich Ihnen, daß Sie sich bei Ihren Hausaufgaben an mich wenden. Aber machen Sie sich bald mit unseren Gebräuchen bekannt; Sie könnten leicht an einen weniger Großmütigen geraten.«

Seine Stimme war weich geworden; er bückte sich sogar und half die ausgestreuten Äpfel sammeln. Als ich ihm dankbar schüchtern einige hinreichte, sah er angewidert wie auf Spinnen darauf nieder, nahm dann freilich doch und biß kräftig zu. Aber etwas Unerwartetes geschah. Ein breitgebauter schwarzhaariger Schüler in grauer Jägerjoppe mit grünem Kragen und Hirschhornknöpfen brauste daher:

»Wo ist er, der feine Hecht, der feuchtnasige Zweitklassist? Glauben Sie, man erfährt nichts? Einem schon am ersten Tag das Brot im Speisesaal umzutauschen! Zugegeben, daß drei bayrische Knödel als poena verwirkt sind?«

Der Blondkopf suchte noch mit bezaubernd schönen Sätzen Verhandlungen einzuleiten, war aber schon herumgedreht, von hinten an den Schultern gepackt und mit dem Knie dreimal ins Gesäß gestoßen, wobei ihm wie dem scheintoten Schneewittchen ein Apfelstück aus dem Munde sprang.

Mit peinlichem Gefühl sah ich den stolzen Knaben, der mir noch eben höchst gebieterisch begegnet war, so schmählich behandelt und nahm eilig abermals die Reisetasche auf; aber nach vollbrachter Züchtigung wandte sich der Graurock zu mir und erkundigte sich nach Namen und Herkunft. Ich hatte schon erraten, daß nichts Geringeres als ein Drittklassist vor mir stand, und machte mich auf etwas Ungeheuerliches gefaßt, empfing aber die gemütliche Versicherung, daß ich von ihm nichts zu befürchten habe, er sei der Dickelhuber aus Geiselhöring und freue sich, einen Landsmann zu begrüßen, das ganze Seminar kenne ihn als den besten Menschen von der Welt, freilich, die grausige Anmaßung, die sich neuerdings unter den Zweitklassisten zeige, die könne sogar ihn aufregen, gegen diese habe er leider soeben einschreiten müssen.

Jetzt begann ich etwas Gesetzhaftes zu ahnen, wonach jede Klasse ängstlich darauf achtete, daß ihr die nächstniedrige, die sie noch eben selbst gewesen war, ja nicht zu nahe komme; aber nun trat von der Treppe her ein junger Priester auf mich zu, fragte nach Namen und Nummer, führte mich nach oben in den Studiersaal an mein Pult und wieder hinab zu Schränkchen 15, damit ich meine Sachen einordne. Dies war kaum geschehen, da rief eine Glocke zum Abendessen, und ich überließ mich der großen Strömung, die zum Speisesaal trieb. Dieser gewaltige Raum enthielt neun lange Tische für die neun Klassen des Gymnasiums. Nahe dem Eingang, zwischen den Reihen der Kleinsten, die noch am meisten der Aufsicht bedurften, stand ein Tischchen für den Herrn Direktor und die zwei Präfekten. Fern gegenüber, bei den höheren Klassen, schimmerte und plätscherte etwas nie Gesehenes, ein ungeheurer Pokal, aus dem sich königskerzenhoch ein blütentragender Kolben erhob; diesem entsprangen zwei Röhrchen, die unaufhörlich Wasser spendeten. Dieses metallene Wunder war mit blauer Farbe frisch angestrichen, der Flor der Kolbenblumen sogar mit etwas Gold bemalt. Der Direktor, ein kahlköpfiger, halbblinder Mann, der schon um seinen Abschied eingekommen war, hatte den Brunnen als dauerndes Wahrzeichen seiner Herrschaft erst in den letzten Ferien gestiftet; so stand er auch den schon einsässigen Schülern zur Überraschung da, und immer wieder nahm irgendeiner sein Steinkrüglein, scheinbar um Wasser zu holen, in Wahrheit aber, um das blaue Rund betrachtend zu umkreisen.

Nachdem abgegessen war und zwei Diener das Geschirr durch ein verschiebbares Fenster in die Küche hinausgereicht hatten, ging die angelehnte Tür auf, und herein mit schweren, lässigen Schritten kam ein Bernhardinerhund. Wedelnd grüßte er den alten Herrn, duldete einige Liebkosungen der Präfekten, ging dann weiter und legte sich genau in der Mitte zwischen den Vorgesetzten und dem blauen Brunnen ruhig nieder, den Kopf auf den Vorderpfoten, das Gesicht seinem Gebieter zugewandt. Später entdeckte ich, daß er zweierlei Augen hatte, ein kleineres braunes, träumerisch verschattetes und ein großes hellgrau klares, dem nichts entging.

Wir Neulinge saßen indessen ziemlich einsilbig beisammen; keiner wußte noch, was er vom andern erwarten durfte, und auch mir begegnete zunächst kein Gesicht, von dem eine Verständigung zu hoffen war. Wiederholer des ersten Kurses, die ganz oben saßen, stellten mit Genugtuung unsere Gedrücktheit fest; weit entfernt, sich ihres Mißerfolges vom vorigen Jahr zu schämen, spielten sie sich als Bevormunder auf, weissagten uns nichts Gutes und suchten bald den einen, bald den andern zu überführen, daß es ihn innerlich vor Heimweh schüttele, was die meisten kaum in Abrede stellten; ich aber leugnete zum zweiten Male und wies mit wildem Lachen die Bezichtigung zurück. Denn wirklich war mein Mut im Steigen; schon die edeltönenden lateinischen Tischgebete, für mich noch Geheimformeln, zogen einen schön verpflichtenden Kreis um die Versammelten, und auch von Barry, dem Hunde, kam Beruhigung; sein helleres Auge schien sogar im Schlaf darüber zu wachen, daß einem nichts allzu Schlimmes widerfahre.

War ich auch noch lange nicht fähig, die wundersame Monarchie zu überblicken, die neun stolz gesonderte Republiken in sich dulden mußte, so glaubte ich die Grundfigur des Ganzen doch zu ahnen. Wie weitete sich schon der Saal! Niedrigkeit und Höhe wohnten in ihm beisammen; immer in der Tiefe zu bleiben, war jedoch niemand verdammt, ein Chor löste den anderen ab, jeder Schüler hatte Aussicht, einstens auf die höchste der sichtbaren Stufen zu gelangen, die aber noch lange kein Ende war, sondern sich ins Unbegreifliche, Geisterhafte, wer weiß wie weit, fortsetzte.

So war es vielleicht entschuldbar, daß ich an diesem Abend,

über meine nächsten Genossen weg, immer wieder zu den Glücklichen hinspähte, die schon jenseits des blauen Brunnens wohnten, gelassen plaudernd oder in Büchern blätternd, durch nichts mehr geängstigt. Während ich mich aber in die Seligkeit vorausversetzte, die mich vielleicht nach acht Jahren erwartete, weilte ganz nah ein treuer Gefährte für den langen Weg.

Bevor wir die Speisehalle verließen, um den Gang zum Schlafsaal anzutreten, mußten wir unsere zusammengerollten, ringumschlossenen Servietten in die numerierten Fächer eines Behälters legen, der an der Wand befestigt war. In dem starken Andrang, der dabei entstand, ward ich am Arm gezupft und als ich mich umsah, von einem feinen Stimmchen befehlend angeredet:

»Schieben Sie, bitte, meine Serviette in das vierte Fach! Ich reiche nicht so weit.«

Der dies sagte, war so zwergisch klein und verhielt sich in dem allgemeinen Ungestüm so still, daß man ihn übersehen konnte. Gekleidet war er mit Sorgfalt; zu dunklem Anzug mit kurzer Hose trug er eine braune Seidenbinde um den Kragen, dazu auffallend hohe Lackstiefelchen. Das Gesicht war krankhaft weiß, mit ganz wenig Wangenröte, das kurze Haar steil emporgebürstet, die Augen freundlich, aber etwas müde.

»Oh, Sie brauchen zu mir nicht Sie zu sagen; ich bin auch nur Erstklassist«, beeilte ich mich zu versichern, während ich das Tuch in seine Höhle schob. Er aber erklärte sich als Zweitklassisten und fügte leicht gähnend hinzu, daß er wenig Wert auf diese Würde lege, nachdem er durch Kränklichkeit ein ganzes Jahr verloren habe und eigentlich schon in die dritte Klasse gehöre. »Übrigens: Hugo Mott ist mein Name. Sorgen Sie von heute an, daß ich jeden Mittag die Serviette neben meinem Teller finde, und nehmen Sie sich auch am Abend ihrer an! Es ist einige Mühe für Sie; aber dafür stehen Sie unter meinem Schutz. Wenn ein Stärkerer Sie angreift, rufen Sie mich zu Hilfe, und nun gute Nacht!«

Zum zweiten Male schon vernahm ich nun das wunderliche Angebot, das zugleich tröstlich und besorgniserregend, ja diesmal sogar ein bißchen komisch klang; denn falls ich mich ernstlich bedroht sah, welche Hilfe wollte mir der leidende, verkümmerte Knabe gewähren, der nicht einmal seine Serviette selbst in das Fach legen konnte? Dennoch, während ich mich entkleidete und auf das harte Lager streckte, begriff ich, daß der kleine Dienst, der nun mein täglicher werden sollte, für mich ehrend war; schon stand ich nicht mehr völlig sinnlos in der bedeutenden Körperschaft; und als die Szenen des Tages an dem Einschlafenden vorübergingen, regte sich auch ein dankbares Gefühl für die schöne fremde Frau, die mit einer solchen Entschiedenheit für mich die Klingel gezogen hatte.

Heimträumende Seele

Wer eine Pflanze in anderen Boden umsetzen will, geht behutsam zu Werk; samt allen am Wurzelwerk haftenden Erdballen enthebt er sie dem Heimatgrund; auch auf den rechten Standort, auf die rechte Erdmischung achtet er genau. Dagegen, scheint es, läßt sich ein junges Menschengewächs, wofern ihm eine einigermaßen kräftige Seele innewohnt, ohne Gefahr überallhin verpflanzen. Erinnerungen und Einbildungskraft sind sein mitgebrachtes Nährsalz; dieses fristet ihm sein Leben, bis frische Wurzeln geschlagen sind. Viel kommt auf die Zusammensetzung des neuen Grundes an; aber die werdende Natur hat unzählige Organe, um auch mageres oder saures Erdreich in zuträgliche Speise zu verwandeln. Ja, manche Seele gleicht vollends jenen Wüstenpflanzen, denen ein gar zu fetter oder süßer Boden durchaus nicht behagt, die vielmehr am besten blühen und fruchten, wenn sie mühsam durch Sand und Staub lange Wurzelfasern strekken müssen.

Was mich anging, so traf ich es mit meiner Verpflanzung nicht uneben; ja, kräftiger als alle Mitversetzten schien ich anfangs aufzugrünen, fing allerdings nachträglich doch noch zu welken an und mußte viele Blätter, viele Stengel abwerfen, mußte sogar etliche Blattanlagen zu Stacheln entwickeln, um das innere Dauergewebe zu retten.

Staunend hatte ich gesehen, wie gewaltsam viele meiner Mitschüler das Heimweh angriff; nun aber, da sie alle getröstet und eingewöhnt waren, begann es unvermutet in mir selbst zu rasen. Zum Ausbruch kam es durch die plötzliche Erkenntnis, daß alles, was mir in der Heimat bedeutend gewesen war, hier in der Anstalt keine Geltung hatte, ja fast ein wenig beschämend wirkte, so daß man besser davon schwieg. Wenn die anderen von ihrem Zuhause erzählten, so war immer nur von höchst gesicherten Verhältnissen, einflußreichen Verwandten, ertragreichen Grundstücken,

Ordensverleihungen und geglückten Heiraten die Rede, höchstens noch von Briefmarkensammlungen oder Pferderennen; und manche wußten schon genau, welchem Berufe sie sich künftig zuwenden würden. Ich merkte nun erst, wie sehr obenhin ich bisher gelebt hatte und wie wenig stichhaltig überhaupt unser ganzes Kadinger Treiben war. Dem Vater zwar kam auch hier die unbehagliche Ehrfurcht zugute, die der Arzt in jedem schlichten Gemüt erregt; die Mutter aber nahm sich in der neuen Sphäre schon etwas absonderlich aus. Es wäre nicht ratsam gewesen, etwa von dem Blumenaufwand zu erzählen, womit sie ihren guten Gartenboden vergeudete. Und gar der Zauberer, der übermächtige, wie hätte er sich ausgenommen? Ja, wäre er als ein Lebendiger im Speisesaal erschienen, hätte er Goldfischchen aus dem blauen Brunnen geangelt oder chinesische Nelken aus der schwarzen Sutane des Herrn Präfekten gezogen, so würde ihm freilich niemand widerstanden haben. Erzählen aber konnte man eigentlich nicht von ihm, ohne ihn zu entwerten. Daß er zwar irgendwo ein wirkliches Haus besessen habe, wäre mit Achtung aufgenommen worden; aber es gab sehr strenge Zöglinge, die ihn trotzdem in die Zunft der herumziehenden Leute verwiesen hätten, und dadurch wäre ich selbst in die zweifelhafteste Beleuchtung geraten. So saß ich denn voll Furcht, Heiliges preiszugeben, fast immer schweigsam da, wenn andere die Geltungen und Aussichten ihrer Familien besprachen.

Der einzige, dem andere Gesprächsinhalte zuzutrauen waren, war Hugo Mott, und auch er schien dem sorgsamen Bewahrer seiner Serviette nicht ungünstig gesinnt. Öfters redete er mich auf dem Spielplatz leutselig an, fragte mich nach Tag und Stunde meiner Geburt, freute sich, daß wir beide im Zeichen des Schützen geboren waren, sagte sich selber ein lustiges, wenn auch kurzes Leben voraus und verriet mir, wie man sich den Einflüssen Saturns und anderer böser Planeten entziehen könne. War er besonders gut bei Laune, so erklangen auf einmal wie von fernher schrille verfängliche Fragen, die ich aber, durch Onkel Georg vorbereitet, sehr bald als bauchgeredet erkannte. Leider warens immer nur Minuten, die ich mit ihm verbringen durfte; an den langen Abenden saß er unnahbar im Chore kalt blickender Zweitklassisten. Dennoch brachte mir das bißchen Umgang, dessen er mich würdigte, einen großen Vorteil, den ich nur nicht gleich erkannte. Seines Leidens und seiner Heiterkeit wegen galt er nämlich als ein unberührbares Wesen; auch dem Rohesten kam es nicht in den Sinn, ihm weh zu tun. Außerdem stand er im Ruf der Weisheit, Große wie Kleine suchten seine Freundschaft, und weil man mich für seinen Günstling hielt, so übertrug sich seine Unverletzlichkeit auch ein wenig auf mich und schützte mich vor den allzu groben Ausbrüchen der Gewalt.

Was freilich niemand von mir abwenden konnte, war dieses verspätete Heimweh. Wie es im Innern herumtötete, zeigte sich bald an allerlei körperlichen und geistigen Widerwärtigkeiten, vor allem an gewissen unwillkürlichen Gesichtszuckungen, die meinen Mitschülern eine Zeit lang viel Vergnügen bereiteten, bis ich eines Tages mit heftigem Vorsatz dagegen auftrotzte, zunächst mit schlimmster, dann aber mit allerbester Wirkung; denn jetzt benahm sich das Übel wie eine Wespe am Fensterglas, die merkt, daß man sie fangen will, und hierüber aus Rand und Band gerät, plötzlich aber doch den Weg ins Freie findet.

Leider stellte sich wie zum Ersatz eine neue Heimsuchung ein, zum Glück eine solche, die sich verbergen ließ. Wenn ich nämlich allein war, befiel mich zuweilen ein unabwehrbarer Zwang, alles, was mir sonst lieb und heilig war, mit so ausgesuchten Schimpf- und Verwünschungsnamen zu bedenken, wie ich sie nur je von altbayrischen Mündern vernommen, und kaum wurde ich mehr damit fertig, Gott und Menschen immer wieder alles abzubitten und im Geiste zu beteuern, daß es mir überaus peinlich und keineswegs ernst gemeint sei.

Kläglich waren die Schulerfolge; denn da mir nichts fühlbar, nichts denkbar war als die furchtbare Enteignung meiner kindlichen Welt, so liefen die Worte der Lehrer ewig unverstanden durchs Gehör. Fast jede Prüfung endete mit Tränen; aber was frommten diese hier? Zu Hause war das Weinen meistens ein ersprießlicher Genuß gewesen; fast immer grünten angenehme Wirkungen davon auf, hier jedoch war jede Träne unfruchtbar, wie in Asche geweint.

Ein Kuchen in Zopfgestalt lag noch oben im Schränkchen; die Mutter hatte ihn in meiner Gegenwart gebacken und mit Rosinen und Mandelsplittern reichlich ausgestattet. Seit meinem Einstand aß ich Tag um Tag davon, anfangs gierig, andachtslos, bis zum Einsetzen des Heimwehs; da erst, schon austrocknend, wurde er mir heiliges Brot und einzige tägliche Beglückung. Die Mutter selbst schien, im Schranke stehend, ihn darzureichen, und jede andere Speise ward unschmackhaft neben ihm. Abnehmend wuchs er an Köstlichkeit, und mit Grauen sah ich dem Augenblick entgegen, da die himmlische Wegzehrung durch meine Lüsternheit vernichtet sein würde. Aber kein Wunder der Erneuerung geschah, und endlich war nur noch ein dürres Ränftlein übrig, das ich glühend begehrte und doch nicht zu verzehren wagte. Eine halbe Woche währte der aufreibende Zwiespalt, bis eines Tages, als ich gerade wieder vor dem geöffneten Kasten stand, Barry, der Anstaltshund, vorüberging, – da wußte ich mit einem Male, daß ich niemand als diesem würdigen Tier, in welchem ich von Anfang an den guten Geist des düsteren Hauses erkannt hatte, den letzten Bissen hingeben könne, den ich mir selbst, aus einer dunklen Empfindung heraus, versagen mußte. Groß und begründet war nur meine Furcht, er werde ihn vielleicht verschmähen, doch wählte ich weislich die hungrigen Stunden vor der Fütterung für mein Anerbieten, und wirklich, nach einigem Zögern, auf herzliches Zureden hin, ließ sich die mächtige Kreatur, ob auch verdrießlichen Gesichts, herbei, die harte Gabe zu kauen.

Vor meiner Abreise aus Kading war ich mit lauter neuen Anzügen ausgestattet worden; ein einziges altes Jäckchen hatte sich dazwischen geschoben, und in diesem fand ich jenen selbstgefertigten kleinen Teufel wieder, den ich mir bei der Verschacherung der Krippe zurückbedungen hatte. Es war die strenge Stunde, da man sich nur mit Schulaufgaben beschäftigen durfte; aber meine Erregung wurde so groß, daß mich eine leichte Übelkeit befiel, ich befleckte mir die Finger ein wenig mit Tinte und bat um die Erlaubnis, den Waschraum aufsuchen zu dürfen, wo ein verbessertes Gaslicht mit sogenannten Glühstrümpfen sehr hell brannte. Dort konnte ich den unverhofften Findling nach Lust betrachten, beklagen und mit ihm zärtlich sein. Er hatte nämlich unter seinem Aufenthalt schwer gelitten; die Zunge war nicht mehr schön rot, sondern wie die eines Kranken grau belegt, auch drohte sie aus dem Mund zu fallen. Ein Fledermausflügel war in der Tasche zurückgeblieben, das Zaubermantelskleid zerknittert; aber das Gesichtchen, wenn auch ziemlich geschunden, dennoch voll Ausdruck. Kein Drohen oder Grinsen fand ich mehr darin; es schien nur zu fragen: »Erkennst du mich? Freut es dich, daß ich bei dir bin? O wie war ich erschrocken, als du mich mit hartem Griff aus der Krippe rissest, herab von dem silberflimmernden Felsen, dem kostbaren, auf dem ich dir doch keine Schande machte! Denn ohne Furcht weideten deine Schäfchen und Schweinchen um mich; sogar der Stern der weisen Könige bestreifte mich friedlich mit seinem langen starken Strahl. Und nun ist es dir nicht viel besser gegangen als mir; sie haben dich herausgenommen aus dem Zimmer, wo du so hübsche Sachen bautest, und dich noch dazu unter fremde Menschen verbannt, denen du mich wahrscheinlich nicht einmal zeigen darfst! Alle sind sie zurückgeblieben, der Vater, die Mutter, sogar das verwegene Mädchen, dem du frohlockend mich zeigtest in meiner Vollendung. Sie bringen es über das Herz, ohne dich weiterzuleben, die Unbegreiflichen; ich aber habe dich begleitet von Kading bis Landshut im schwarzen beklemmenden Koffer und nicht gemurrt, obgleich mir die rüttelnde Fahrt schlecht bekam. Denn sieh, meine Zunge ist locker, mein Kleid nicht mehr sehr prächtig, ja ein Flügelchen fehlt mir. Du aber bist es, der mich gemacht hat, du kennst meine anfängliche

Schönheit und wirst mich ob meiner unverschuldeten Gebrechen nicht verachten...«

Mit nicht geringem Zürnen empfing mich der diensthabende Herr Präfekt wegen meines langen Ausbleibens, und für die Zukunft verhieß er scharfe Sonderaufsicht; aber was lag daran? Selig erharrte ich die freie halbe Stunde, da ich den geliebten Gast in die Schublade bringen, auf ein Lager betten und nach Möglichkeit seine frühere Gestalt wiederherstellen konnte. Noch manche Teufelsbeweinungen folgten in jenen Tagen; dabei milderte sich die Sehnsucht, und vielleicht war die Seele schon einer Ahnung fähig, daß ihr nichts verloren gehen könne, was sie nicht selbst aufgibt. Nun aber zeigte sich erst die Zerrüttung der Natur; schläfrig umwölkt fiel ich durch die Zeit, kaum achtend auf die Freuden und Vergünstigungen der Gemeinschaft, von denen mir doch bereits der erste Tag einen so starken Vorgeschmack gegeben hatte. Hemd oder Strümpfe zu wechseln, entschloß ich mich nur schwer; auch die morgendliche Waschung vermied ich, so gut es ging. Das Aufmerken in der Schule gelang noch immer nicht; niedrige Noten stellten sich ein, von Tadelreden begleitet, ein Bericht an den Vater ward angedroht und, als dies nichts änderte, abgesandt. Meine Vorgesetzten suchten mir dann und wann in Güte zu erklären, daß ich nicht unbegabter sei als andere und mit ein bißchen Fleiß meine Mißgeschicke leicht abwehren könne; aber was hilft es dem Gelähmten, wenn man ihm die Unversehrtheit seiner Muskeln beweist? Abergläubischer Schwachsinn hatte sich des Geistes bemächtigt; ich hoffte auf Lehrer hinraffende Seuchen oder ein allverwandelndes Welterereignis und regte mich nicht. Nach und nach gelang mir die Feststellung, daß mein Versagen in Latein und Rechnen regelmäßig auf solche Tage gefallen war, wo ich eine gewisse dunkelblaue, weißgetüpfelte Halsbinde getragen hatte, und so nahm ich mir nicht etwa vor, mehr zu lernen, sondern versuchte es lieber mit einem anderen Schlips, hütete mich auch sehr, an großen Prüfungstagen mit dem linken Fuß zuerst aus dem Bett zu steigen. Da dies alles nichts nützte, verstand ich mich noch immer zu keiner Bemühung, sondern floh in eine falsche Frömmigkeit und flehte verschiedene Heilige um Vermittlung leidlicher Zensuren an, bis eines Tages mein gutmütiger Ordinarius doch die Geduld verlor und mir eine Strafe zuteilte. Diese war mild: ein einziges Stündchen Gefangenschaft hatte ich in einem gerade leerstehenden Zimmer des Gymnasiums abzusitzen und einen geeigneten Spruch dabei mehrmals ins reine zu schreiben, doch genügte die kurze Einzelhaft, um eine Heilung anzubahnen. Ja, wie eine Begegnung mit himmlischen Stimmen erschien mir nach Jahren jene Strafstunde, in der ich mich zum ersten Male wieder als ein freies, zum Werden berechtigtes Wesen empfand.

Strafstunde

Ehe der Knabe seine Strafe beginnt, holt er im Speisesaal sein fälliges Nachmittagsbrot, muss es aber fast bereuen; denn da liegt nun auf dem Tische der längst gefürchtete Brief. Schon von aussen verrät sich Ungnade; zum ersten Male, ach, ist die Adresse nicht von der Mutter geschrieben, sondern zeigt die Hand des Vaters, die knappe, sichere, die weiß, was sie erteilt, und nichts zurücknimmt. Rügen und Vorwürfe hat er nun zu erfahren, und während schon die Finger am Umschlag zupfen, sinkt ihm der Mut; uneröffnet steckt er das Schreiben in die Tasche, erst nach der Strafstunde will er es lesen. – ›Wenn ich die hinter mir habe, o dann ist alles abgebüßt, alles nicht mehr wahr, was in diesem Briefe steht.‹ Und ohne Säumen, schon ein wenig getröstet, macht er sich auf seinen Weg.

Schlag vier Uhr steht er mit Schreibheft und Feder vor dem alten Pedell, der ihn sogleich über Treppen und Gänge nach oben führt. Manchmal bleibt der Greis an einer Türe stehen, hebt horchend die welke, mit grauen Locken bewachsene Hand, murmelt »hier ist noch Unterricht« und geht weiter. Endlich betreten sie ein freies Lehrzimmer.

»Die Oberklasse«, lächelt der Alte. »Ein kleiner Raum, wie du siehst. Nur wenige kommen so weit. Versuch einmal, ob dir die Bank nicht zu hoch ist! Es geht! Viel zu lang bist du für deine Jahre.« Und er besteigt einen Stuhl und zündet das Gaslicht an, obgleich noch Tag ist.

Auf der Tafel, wie von höheren Wesen entworfen, stehen seltsame fremde Figuren, kaum anders zwar als jene, die der Sohn des Tischlers ihm zu zeichnen befohlen hat, aber wunderbar ineinandergreifend und mit unbekannten Buchstaben durchsetzt; er muß an die Propyläen denken, das griechische Säulentor, das im Pfarrhof zu Kading abgebildet ist; vielleicht wird hier etwas Ähnliches geplant. Die innere Zimmerwand aber überbreiten ungeheure

Karten, deren ruhig-tiefes Blau da und dort im Schein der Flamme schimmert.

Der Pedell will seinen Häftling ermutigen und gibt ihm Ratschläge. »Dein Herr Lateinlehrer ist gar nicht so schlimm; du mußt nur immer deutlich und laut antworten und ihm dabei recht fest und treuherzig in die Augen schauen. Das hat er gern, und wenn dir auch einmal was Dummes unterläuft, so überhört er es wohl. Wie gehts im Rechnen? Nicht sonderlich? Läßt sich denken. Aber der Herr Mathematiker ist ja zugleich Botaniker, ein großer sogar; man spricht von ihm in der Welt. Da sieh zu, daß du dich mit Gräsern und Blumen anfreundest! Das merkt er sich, und am Jahresende, wenn du's nicht gar zu liederlich getrieben hast, läßt er dich wohl auch in der Algebra durchschlüpfen. Jetzt aber zu deiner Aufgabe! ist sie groß?«

»O nein! Ich muß nur fünfundzwanzigmal schreiben: In müßiger Weile schafft der böse Geist!«

»Ein guter Spruch. Fünfundzwanzigmal? Nun, da halte dich dazu!«

Bevor er geht, faßt sich der Knabe ein Herz und fragt, was die blauen Karten bedeuten.

»Die? Das ist das Universum.« Der Alte hüstelt, geht und ahnt nicht, welche Bewegung das rätselhafte Wort in dem Kinde stiftet. Aber knisternd in der Tasche mahnt der Vaterbrief, und erst nachdem der befohlene Satz mehrmals zu Papier gebracht ist, wagt der Eingeschlossene vor die blaue Kartenwand zu treten. – »Nördlicher und südlicher Sternenhimmel« steht übrigens darüber, nicht jener Name, der so feierlich dunkel um einen hellen Abgrund kreist. Und sonderbar: oft hat er zum Himmel geblickt, bei Tag und bei Nacht, und immer war es herrlich; aber nie ist ihm dabei das Unermeßliche so tief ins Gefühl gegangen wie vor diesen künstlichen Flächen mit Sternenpunkten und fremden Bezeichnungen. Ja, dieses Blau faßt von allen Seiten die Seele und überdehnt sie gewaltsam bis zur Weltenweite; unzählige winzige Risse und Sprünge entstehen dabei in ihr, deren Summe einen heftigen, sehr seligen Schmerz ergibt. Vergangenheit leuchtet herauf: wie groß, wie mächtig ist er einst gewesen, als Erwecker der Gartenblumen, als Lenker des Wettrennens, als Erbauer der Krippe! Wie konnte es geschehen, daß er so tief ins Unzureichende geriet? Und doch ist er in dieser Minute glücklicher als je. Tränen rinnen, dann folgt Beruhigung; er kehrt in die Bank zurück und schreibt wieder andächtig den guten Spruch vom bösen Geist. Er spürt etwas Herzklopfen dabei; es ist, als rege sich in der Tasche der Brief; aber noch immer entschließt er sich nicht, harte Worte zu lesen. Lieber schaut er ein wenig durchs Fenster. Bedeckt und kalt ist der Tag, Nebel hängt bis auf den Hofberg herunter, in dessen kahlem Gehölz ihm die Gerippe kleiner Birken auffallen; mit fein verzweigten silbrigen Fischgräten vergleicht er sie. Seitwärts liegt der Eisplatz der Stadt, noch von wenigen Läufern befahren; aber blaue, gelbe und rote Papierlaternen hängen an Bäumen und bedeuten ein kommendes Fest. Noch weiter entfernt vergnügen sich Kinder am Weiher. Wie gut meint es ihnen der Winter! Fensterscheiben einzuschlagen ist verboten; dort aber ziehen sie das klarste Glas aus dem Wasser und zerwerfen es ungestraft zu Scherben und Splittern.

Glockenschlag vom Jodoksturm scheucht ihn wieder zur Aufgabe; ernstlich nimmt er sich zusammen und schreibt gleich zehnmal nacheinander die düstere ermüdende Mahnung, bis er plötzlich der optischen Wahrnehmungen gedenkt, die ihm einst in Genesungswochen die Langeweile so schön vertrieben haben. Wieder drückt er die Augen in den Arm und überläßt sich dem inneren Dunkel. Was aber nun schwimmend in der Tiefe erscheint, das sind nur Abarten des eben durchs Fenster Gesehenen; darunter, in langsamer Gegenbewegung, treibt ein bleiches zerfallendes Universum. Die eigene Seele sendet nichts empor; umsonst ist das Warten, verlassen hat ihn das messingglänzende Rad, verlassen der gelbe fünfstrahlige Stern.

Unrast kommt über ihn; rasend schlägt er sich Stirn und Wangen, dann horcht er lange. Das Haus ist still; er schleicht auf das

Katheder, nimmt den Zeigestab des Lehrers in die Hand und findet einige Minuten Ruhe; denn da liegen Bücher, und aufgeschlagen ist eine Seite mit dem Bilde Friedrichs des Großen, dem nämlichen, das er vom väterlichen Verordnungszimmer her kennt. Auch die spannende Geschichte von dem nächtlichen Ritt nach der Schlacht bei Leuthen hat er schon einmal gelesen, wo der König, dem Heer vorausgeritten, mit wenigen Begleitern in ein Schloß eindringt und höflich verwegen viele feindliche Offiziere gefangennimmt. Wieder einmal, vom Alleinsein begünstigt, packt ihn der schauspielerische Trieb; schon stützt er sich auf den Stab, es krümmt sich der Rücken, und indem Phantasie alle Schulbänke mit Lehrern und feindlichen Mitschülern besetzt, lächelt er spöttisch und königlich:

»Bon soir, messieurs, gewiß sind Sie mich hier nicht vermutend. Wissen wohl auch noch gar nicht, daß ich der neue König von der Oberklasse bin? Ja, ja, nur wenige kommen so weit. Erschrecken Sie nicht so sehr, – jeder behält sein Quartier; aber schreiben müssen Sie jetzt alle, schreiben, schreiben, solang ichs befehle! Was steht auf Ihrem Blatt, Sie liederlicher Herr Professor? In müßiger Weile schafft der liebe Gott? Wollen Sie mir sofort recht fest und treuherzig in die Augen schauen? Soll ich den Herrn Pedell rufen? Soll ich Sie erschießen lassen?« – Scharfe Hiebe läßt er durch die Luft sausen, immer bösere Geister führen ihm die Hand, der Stab entfällt ihm, er weiß nicht mehr, was aus ihm droht und zürnt. Bis von der Stiege her Tritte sich nähern, die ihn ernüchtern und in seine Bank hinunterjagen; aber sie tappen vorüber, und nun überrieselt es ihn, er weiß, was gleich geschehen wird: er wird den Brief lesen. Mögen darin die schrecklichsten Anklagen stehen, er ist doch die Stimme des Vaters.

Zwei Reihen roter ungestempelter Briefmarken, die dem Umschlag entfliegen, kann er nicht als schlimme Zeichen nehmen; dies ist ja die Form, in der ihm dann und wann etwas Taschengeld zufließt. Aber halt, hier ist sie schon, die Mahnung zum Fleiß und zur Aufmerksamkeit, von drei riesigen Ausrufungszeichen bekräftigt! Klingt sie sehr böse? Nicht eigentlich. Auch steht sie nur in der Nachschrift, während die wenigen Hauptsätze von anderem handeln, von einer kleinen Schwester, die ihm geboren worden sei, und von der Mutter, die das Ereignis gut überstanden habe. Unklar ist sein Fühlen bei dieser Nachricht; er entsinnt sich, daß Geburten als durchaus wünschenswerte Vorkommnisse gelten, und ist bereit, sich herzhaft mitzufreuen, doch will ihm dies in seiner Lage nicht sogleich gelingen. Rügen und Schelte hat er so bestimmt erwartet, daß er nun, zunächst, unwillkürlich dem Ereignis einen strafenden Sinn unterlegt, als hätten die Eltern, des ach! so wenig taugenden Sohnes überdrüssig, sich ein anderes, ein besseres Kind bestellt. Aber wieder einmal ist es Eva, die treueste, verwandteste der Seelen, die ihn aus alten Tagen herüber zum Rechten weist. Sie hat ihm einmal verraten, daß keineswegs Engel oder gottgesandte Vögel den Menschen ihre Kinder in die Häuser trügen, daß diese vielmehr wie Blumen, aber unter Schmerz und Gefahr, aus den Leibern ihrer Mütter hervorwüchsen, ja ihre eigene habe dabei das Leben verloren. Dies hat er damals für Märchen gehalten und nicht an die schreimäuligen Blumen geglaubt; von Schmerz und Gefahr aber überzeugten ihn bald jene funkelnden, grausam geformten Zangen, die der Vater mitzunehmen pflegte, wenn jemand ihn zu einer Geburt berief. Ahnung ewiger Wahrheit entbrennt in ihm, und wenn er sich auch noch trauernd fragt, wieso denn die Mutter, die sonst bei jedem wichtigen Geschehen in Haus und Garten seiner Dienste bedurft hatte, nun dieses Allergrößte, Gefährlichste ohne ihn durchleben konnte, als wäre er das entbehrlichste Wesen, so beugt er sich doch dem Geheimnis. Friede kommt über ihn, doch kann er nicht untätig sitzen; sich selber zum Spaß, ein wenig mit jener altmodischen Onkelschrift, die noch immer seine verschwiegenste Angelegenheit ist, malt er gleich wieder ein dutzendmal nacheinander: ›In müßiger Weile schafft der böse Geist.‹ Jetzt aber dröhnt ihm die Stunde der Befreiung; hastig überzählt er seine Zeilen, und siehe: nicht fünfundzwanzigmal, nein, vierzigmal hat er den furchtbaren

Spruch geschrieben, – o davon wird Lob ausgehen für ihn, keiner mehr darf ihn träge schelten, fast möchte er schwören, daß er nun bald seine Winterschläfrigkeit überwinden und manches leisten wird. Zum Fenster zieht ihn klingendes Geschmetter; schon dunkelt es draußen, doch ampelhell aus bereiftem Geäst leuchten die Papierlaternen, Musikanten haben sich aufgestellt, schwebend umkreisen sich wunderbare Menschen auf dem rot, gelb und blau schimmernden Eise. Es ist, als ergriffen wieder Evas rhythmische Schwingungen sein Herz; auf den Fersen sich drehend, macht er dem Katheder, der Tafel, den fernen Eisläufern sehnsüchtige, schalkhaft bedauernde, träumerisch gebietende Zeichen und streift mit schnellem, feurigem Kuß das kühle Himmelskartenblau, bevor er die Stube verläßt.

Der Herr Präfekt

DAS FREMDARTIG SCHÖNE LEHRZIMMER DER OBERKLASSE, WORIN ICH MEINE STRAFSTUNDE SO ANGENEHM VERBÜSST HATTE, UMGAB MICH IM GEIST NOCH TAGELANG, BESONDERS DIE GROSSE HIMMELFARBENE STERNENKARTE GING NOCH ÖFTERS IM INNEREN BLICK AUF UND NIEDER. AUCH die Kunde von der Geburt einer Schwester freute mich immer mehr. Sah ich das Neugeborene auch nicht mit Augen, so hinderte mich doch nichts, ihm gute Bedeutungen für meine eigene Zukunft zu entnehmen. Nach und nach freilich verblaßte dies alles wieder; einförmig verlief der Zöglingstag und stahl mir das Gastrecht in der höheren Welt wieder ab. Im übrigen ging es mir wie manchem anderen: ich glänzte durchsichtig, wenn ich allein war, schillerte hell in der Unterhaltung mit manchen Kameraden und wurde in der Nähe gewisser Lehrer und Schüler tiefschwarz. Aber das Alleinsein war selten, die neue Ordnung durchaus auf Gemeinsamkeit und Wettbewerb angelegt; fast nur noch im Traum war man ein fühlendes Wesen. Durch solche Verdrängung erhielt sich immer eine gewisse Unruhe in mir, die auch andere nicht ruhen ließ und sich vor allem gegen den Präfekten wandte, vielleicht von seiner Unbeweglichkeit gereizt.

Nie sah man diesen Mann lachen oder sich heftig erzürnen; starr und bleich, im langen schwarzen Priesterrock, den eine seidene befranste Schärpe schmückte, saß er während der Studienzeit hinter dem Katheder und betete lippenbeweglich sein Brevier. Obgleich er mich als Erscheinung nicht gerade anzog, spürte ich doch den sonderbarsten Zwang, ihn immer zu betrachten und mich ihm zu nähern. Er war sehr groß, dunkel, die Stimme niedrig, die ganze Gestalt von einer übermächtigen Nase bestimmt; die Augen blieben hinter bläulichen Gläsern unerkennbar, so daß einem ein ewiges Ungesicht entgegenstand. Eigentümlich war eine gewisse Geziertheit im Wesen dieses Riesen; aber gerade sie tat es meiner ländlichen Einfalt an. Oft ging ich scheinbar zu-

zufällig an ihm vorüber, um den Veilchenduft einzuziehen, den er an sich trug; auch beglückte mich die unvergleichliche feierlich-nachlässige Art, wie er das lateinische Kreuz über seine Brust gleichsam hinzauberte, und höchst vornehm erschien mir ein leichter Fehler der Zunge, der ihn befähigte, das g wie ein ß auszusprechen und beim gemeinsamen Gebete die drei göttlichen Personen »von Ewißkeit zu Ewißkeit« zu preisen.

Auf die Dauer aber konnte mir dies alles nicht genügen; immer beharrlicher ging ich auf Zeichen persönlicher Zuwendung aus. Gutartige Mittel waren bereits versucht, einige Hausaufgaben musterhaft schön geschrieben, auch manche Frage nach angeblich nicht verstandenen lateinischen Regeln gar untertänig an ihn gerichtet, alles ohne sonderlichen Erfolg. Flüchtig tat er das eine wie das andere ab, ohne auch nur sein Büchlein wegzulegen. An einem Samstag, als er pflichtgemäß von Pult zu Pult die Ordnung unserer Schubladen prüfte, fiel ihm das eingeschmuggelte Teufelchen der Krippe in die Augen. Traurig sah ich es in seiner Zyklopenhand verschwinden, faßte mich aber und gelobte mir, den Verlust zu verschmerzen, nahm auch das Nachbarspottgelächter hin, indem ich hoffte, jetzt werde sich mit Fragen und Antworten wegen des Teufels Herkunft endlich ein Verhältnis anspinnen. Er aber sagte nur: »Man ist kein kleines Kind mehr«, warf die Figur samt anderen unerlaubten Tand in den Ofen und besuchte das nächste Pult.

So wurde er mir nach und nach zur Verkörperung des traurigen entfärbten Daseins, das uns innerhalb der klösterlichen Mauern dahintrug.

Diese gerinnenden Zeiten des Einerleis, wo wir gar keinen Zusammenhang mit flutenden Kreisen des Lebens mehr fühlen, wer kennt sie nicht? Wer hat sich nicht auf seine Weise gegen sie gewehrt? Seltsam zwecklose, ja widersinnige Taten, die wir in solcher Lage begehen, was bedeuten sie anderes als gewaltsame Erkundungen beim Schicksal? Ob Mann oder Knabe: die Seele will das ganz verstummte Leben zwingen, daß es ein Zeichen gebe, daß es die Verbindung mit ihr wieder aufnehme.

Am Freitag Fleisch zu essen, galt wohl als einer der größten Frevel, die man in unserm kleinen Staat begehen konnte, und so wars kein geringes Unternehmen, als ich an einem solchen Fasttage, während der Studienzeit, ein aufbewahrtes Stückchen Schinken angesichts des immer lesenden Priesters zu verzehren begann, wobei mir das Entsetzen über meine Tat fieberhafte Schauer über den Rücken trieb. Mein Pultnachbar stieß mich an: »Heut ist Freitag«; ich stellte mich taub und aß weiter. Endlich erhob sich der Dunkle: »Weißt du nicht, was für ein Tag ist?« »Freitag«, sagte ich und schob das letzte Stückchen in den Mund; aber schon liefen mir vor Erschütterung Tränen herab.

»Komm!« rief er jetzt laut, verließ den Saal und ging in sein Zimmer, wohin ich mit einem wunderlichen Gefühl der Erleichterung folgte. Er ließ mich zunächst in dem überheizten, süßriechenden Raume stehen, bis er die Lampe angezündet hatte, holte sodann zwei spanische Röhrchen aus einem Schrank, bog sie prüfend und wählte das dünnere. »Ich werde dich lehren, die Gebote der Kirche zu halten!« Etwas ungeschickt nötigte er mich über einen Stuhl und versetzte mir ein paar Schläge. Sei es aber, daß er mehr Kraft vortäuschte, als er wirklich anwandte, sei es, daß jener Veilchenhauch, der mich nun in fast erstickender Verdichtung umfing, ein wenig betäubend wirkte, jedenfalls blieben meine Schmerzen erträglich. Ihn hingegen schien das Verfahren anzustrengen; seitwärts taumelnd, richtete er sich auf, nahm irgendwoher einen Zuckerwürfel, beträufelte ihn aus einem braunen Fläschchen und zerbiß ihn krachend.

»Ja, so sehr hast du mich geärgert, daß ich Medizin nehmen muß«, sagte er, schwer atmend. Und nun, durchdringend und wohlbekannt, verbreitete sich ein anderer Geruch, der im Nu den Veilchenduft aufzehrte, unendliches Heimweh erregend. Wie oft hatte die Mutter diesen Baldrianäther aus dem väterlichen Verordnungszimmer geholt, wenn sie an Herzklopfen oder ängstlichen Zuständen litt, und auch dem kranken Zauberer, dem herrlichen, brachte er manchmal Erquickung! Bei der Mutter war ja die Wirkung nicht immer kräftig genug gewesen; mir fiel ein, daß der Vater einmal gesagt hatte: »Versuch es doch lieber mit brausendem Bromsalz! Das greift noch ganz anders an und wirkt lange nach.« Und so stieg eine Kadinger Erinnerung nach der andern auf, auch jener zarte lichte Priester, der mein erster Beichtvater gewesen war, und wie verstoßen, wie für immer beseitigt kam ich mir vor, wenn ich die klar leuchtende Landschaft seines Gesichts mit dem unübersichtlichen Antlitz des gegenwärtigen verglich. So stark bezwang mich aber doch die ehrwürdige Kleidung, daß ich auch jetzt keinen wirklichen Groll verspürte, sondern eher eine Zerknirschung, als hätte ich aus des geistlichen Unholds Hand eine sehr bittere Weihe empfangen, der noch eine versöhnende Form folgen müsse. Er aber würdigte mich keines Blickes mehr, verkorkte das Fläschchen, blies die Lampe aus und leitete mich in den Saal zurück, wo er weiterlas, als wäre nichts geschehen.

Wie gerne würden wir berichten, daß dieses Abenteuer den störrischen Sinn des Knaben verändert habe, was doch eine scharfe Züchtigung nicht selten vermag! Aber wie oft ein körperliches Unbehagen die wahre Krankheit nur ankündigt, so zeigte sich auch hier nach wenigen Tagen, daß jene törichte Handlung erst ein Vorzeichen der eigentlichen Untat gewesen war. Wie es diesmal zuging, wüßte ich nicht zu sagen. Irgendein angenehmes Erlebnis hatte meine Stimmung aufgehellt; ich schämte mich meines Betragens vom Freitag und beschloß, eine Wandlung zum Guten wenigstens zu versuchen; aber mitten in Reue und Vorsatz überfiel mich das Böse. Hugo, der nicht leicht etwas Verbotenes tat, sich aber sehr belustigte, wenn es andere wagten, hatte mir gezeigt, wie sich verbrauchte Stahlfedern als gut lenkbare Flugpfeile verwenden lassen, wenn man sie einer Spitze beraubt und mit kunstvoll gefaltetem Papier befiedert. Solch ein Geschoß lag mir zum Unglück eben bei der Hand, während ich die Läuterung meines Wesens und ihre möglichen guten Folgen erwog; und plötzlich, aus dem Triumph heraus, den ich über den endgültigen Sieg der Artigkeit empfand, hatte ich es auf das schwarze Brevierbüchlein zu geworfen. Es ging fehl, blieb aber, was noch schlimmer war, hinter dem regungslosen Beter im Holz des Kruzifixes stecken. Dem Präfekten konnte nicht entgehen, wie furchtbar ich selbst erschrocken war; eine Weile sah er mich nur an. Vielleicht bedachte er, ob er das Gericht selbst übernehmen oder mich einer höheren Stelle zuführen sollte; vielleicht ahnte er, wie sonderbar es in mir aussah. Endlich traten wir beide den gleichen Weg wie neulich an. Wieder kam das Warten während des Lampenanzündens, wieder das Prüfen der Stöckchen; bevor er aber zu strafen begann, griff er diesmal bereits nach dem Tropfenglas. Und wieder wehte der heimweherregende Duft; ich verging vor Reue.

»Der Baldrian hilft nichts«, ich schrie es, von Schluchzen geschüttelt, – »brausendes Bromsalz müssen Sie nehmen!«

»Was redest du da?« – Er fuhr ein wenig zusammen, als habe plötzlich eine Kreuzotter mit menschlicher Stimme zu sprechen begonnen. Ich blieb dabei, daß er einen halben Teelöffel voll Bromsalz, in Wasser aufgelöst, einnehmen müsse, wie es meine Mutter tue, wenn ihre Nerven unruhig seien.

»Noch besser wärs, du würdest mich nicht ärgern«, antwortete er und betröpfelte mit zitternder Hand sein Zuckerstückchen. »Sehr dumm scheinst du übrigens nicht zu sein«, fuhr er fort, nachdem er sich die Arznei einverleibt hatte, »schade nur, daß ein solcher Satan in dich gefahren ist. Du hast das Kreuz getroffen, – bist du schon so verstockt, daß dir dies gar nicht leid tut?« – Hierauf hatte ich keine Antwort als vermehrte Tränen.

»Wie heißt übrigens das Zeug, von dem du das gefaselt hast?« fragte er, ohne mich anzublicken, und notierte das brausende Bromsalz auf einem Zettel. »Jetzt aber wollen wir Teufel austreiben!« erklärte er dann und griff nach einem Röhrchen, diesmal nach dem stärkeren. Ich fühlte mich auf einmal sehr schwach; die alten Zuckungen, die seit Wochen ausgeblieben waren, regten sich wieder im Gesicht, eine Züchtigung in diesem Augenblick erschien mir übergrausam und nicht zu ertragen.

»Es wird Sie anstrengen! Sie werden Herzklopfen kriegen!« rief ich verzweifelt.

»Das hat nichts zu sagen«, entgegnete er und ließ das Stöckchen pfeifen.

»Warten wir, warten wir, bis das brausende Bromsalz kommt!«

»Meinst du?« Er lächelte, und nun glaubte ich auch seine Augen zu erkennen. Wohl eine halbe Minute sah er schweigend in das Lampenlicht. Endlich legte er das Röhrchen weg. – »Ich will es einmal anders mit dir versuchen. Drei Abende nacheinander lege ich dir Schweigen auf. Du wirst beobachtet, vergiß dich nicht! Von Schlag sieben Uhr an keine Silbe mehr! Ich werde deine Mitschüler belehren, damit keiner dich anspricht.«

Von jenem Tage an störte ich die Stunde des Lernens nicht mehr und hielt auch treulich das verhängte Silentium, das übrigens neue, folgenreiche Freuden erschloß. Da mir nämlich für die Schweigezeit keine bestimmte Beschäftigung vorgeschrieben war, so erborgte ich gegen die Langeweile irgendein Buch aus der Anstaltsbibliothek und erhielt statt Märchen und Indianergeschichten, die mir am liebsten gewesen wären, einen sogenannten »poetischen Hausschatz«, eine Sammlung vermischter Gedichte; nie hatte ich so viele beisammen gesehen. Am ersten Abend las ich nur die erzählenden, später auch die liedhaften, die mich zunächst nicht ansprachen, bei wiederholtem Lesen aber stärker bewegten als die anderen, so daß ich auch nach abgebüßter Strafe immer wieder zu ihnen zurückkehrte. Zwar fachten sie das Heimweh wieder an, linderten es aber zugleich, indem sie die unflügge Seele stärkten und ihr so Fernes, Verlorenes wie das Kadinger Garten- und Zimmerglück unbegreiflich, wenn auch nur auf Sekunden wiedergaben. Ein wenig störte mich anfangs, daß unter jedem Gedicht ein Name stand, der gar nicht hingehörte; wenigstens konnte ich mir nicht vorstellen, was derlei spaßige Wörter wie Klopstock, Rückert, Mörike, Goethe oder Kopisch mit jener innigen Musik zu tun haben sollten, doch erklärte sich das bald. Und mochten die Geister selig oder traurig aus dem grauen Buche singen, eines war allen gemeinsam: alle wußten um ein Reich unermeßlicher Freiheit, worin Lehrer, Schüler, Rügen und Strafen unwichtig wurden und keinerlei Auflehnung notwendig war. Kaum bedarf es der Versicherung, daß ich nicht ein Zehntel des Gelesenen wirklich verstand, so schnell es auch ins Gedächtnis überging; doch wird kein Wissender bedauern, daß Jugend zuerst ergriffen und geformt wird vom Klang und Rhythmus der Gedichte, deren Sinn sie erst viel später durchdringt.

Leider war mir aufgesetzt, noch ein drittes Mal unsern geistlichen Hüter bekümmern zu müssen, doch nahezu unschuldig. Als wir an einem Sonntag in der alten Dominikanerkirche die Kommunion empfangen sollten, bemerkte ich unverhofft, während wir uns bereits der heiligen Schranke näherten, daß nicht, wie sonst, unser freundlich-ernster Religionslehrer, der geistliche Rat Walter, die Hostien austeilte, sondern, als sein Vertreter, unser Präfekt. Nun erst fiel mir ein, daß ich von allen ihm gegebenen Ärgernissen in der vorhergegangenen Beichte kein einziges genannt hatte. Diese Unterlassung wäre durch eine herzliche Reue noch im letzten Augenblick gutzumachen gewesen, sogar genügte es, das Gefühl durch einen Akt des Willens zu ersetzen. Aber wenig frommte mir dieses Wissen; eine Unlust ließ sich schwer in mir nieder, und plötzlich war ich entschlossen, der Austeilung fernzubleiben. Ob ich dabei wirklich fürchtete, mir ›das Gericht zu essen‹, weiß ich nicht mehr; eher, glaube ich, wars ein unbestimmtes Gefühl der Gnadenferne, das mich beim Anblick des düsteren Mannes überkam; ein großer Einsager schien hinter mir zu stehen, der mich warnte, gerade aus dieser Hand die gefährliche Speise der Engel anzunehmen. Zu langem Bedenken blieb aber keine Zeit; es handelte sich um wenige Minuten. Während nämlich die erste Reihe auf den oberen Stufen das Abendmahl empfing, knieten wir als zweite schon auf den unteren in Bereitschaft. Die Lippen zusammenzupressen und mit bescheidenem Kopfschütteln meine Weigerung anzudeuten, hielt ich für das Würdigste; ob aber der Präfekt, meine Gründe ehrend, einfach vorbeigehen werde, war fraglich. Dann wieder kam es mir in den Sinn, die Hostie heimlich im Gebetbuch, zwischen zwei geweihten goldrandigen Bildchen, zu verwahren und, nach beendeter Messe, schnell in die leere Kirche zurückzubringen, wo ich sie auf den Altar legen und dem Heiland sagen wollte, warum ich für diesmal sein kostbares Geschenk nicht annehmen dürfe. Die Zeit zerfiel, unaufhörlich raunte das Corpus Domini nostri durch die totenstille Kirche, – plötzlich schwieg es, da war die Kommunion des ersten Zugs vollendet, und sofort stand dieser auf, um den Rückweg zu den Bänken anzutreten. Der Augenblick war gekommen; ich sah die vielen geneigten Häupter und betenden Hände, hoch dahinter den Altar, wo sonnenhell durch Weihrauch ein posaunender Engel glänzte, still erhob ich mich mit den Genossen, gleich ihnen die Augen gesenkt und die Hände gefaltet, betrat aber nicht wie sie die oberen Stufen, sondern mischte mich traumhaft geschmeidig in eine Gruppe der Abgespeisten und ging, wie ich gekommen war, an meinen Platz zurück.

Niemand schien diese Wendung bemerkt zu haben; ich verbrachte den frohesten Tag. Die Zuversicht, mit welcher uns der Geist belohnt, wenn wir in einem schwierigen Fall der innern Stimme treu geblieben sind, schwand übrigens auch am Abend nicht, als mich der Präfekt in seine Stube holen ließ. Frische Luft wehte diesmal durch den Raum, die Fenster standen weit offen, man hörte Stare schreien und sah den Martinsturm schwarz vor einer hohen Helle stehen. Der Vorgesetzte faßte die Sache nicht unzart an; in gelassenem Unterhaltungston fragte er, warum ich der heiligen Kommunion ausgewichen sei. Stracks kam die bereitgehaltene Antwort, daß ich mich im letzten Augenblick einer ungebeichteten Sünde erinnert und nicht mehr für würdig gehalten habe. Dies, hatte ich gemeint, werde sehr ehrenhaft klingen, und eigentlich war es die Wahrheit; dennoch kam es eher pfiffig und verschlagen heraus, auch machte der Präfekt kein überzeugtes Gesicht. »Ich glaube, du betest nicht mehr«, sagte er nach einer

Pause und fragte gleich darauf, womit ich mich denn an meinen drei Silentiumsabenden beschäftigt habe.

»Gedichte auswendig gelernt!« bekannte ich stolz.

»Auswendig? Nun, so sag mir eins her!«

Eine schaurig hinwirbelnde Ballade von den Würdenträgern des Herzogs Wallenstein war mir im Nu gegenwärtig, schon sah ich mich unter den trunkenen Gesellen, die, lärmend im Schloß Eger, über dem Ungarwein saßen; aber der Wortlaut gerade dieses Anfangs wollte sich nicht einstellen. Hastig suchte ich nach einem anderen Gedicht; aber immer waren es nur einzelne Zeilen, die mir auf die Zunge kamen, bis ich endlich auf ein ganz entlegenes geriet, dessen erste Strophe fehlerlos gelang:

Heiß mich nicht reden, heiß mich schweigen.
Denn mein Geheimnis ist mir Pflicht;
Ich möchte dir mein ganzes Innre zeigen,
Allein das Schicksal will es nicht.

Hier blieb ich stecken; im Wandgestell hatte ich plötzlich ein großes Arzneiglas gesehen mit der lateinischen Aufschrift: Doctor Sandows brausendes Bromsalz, – wunderliche Gedankengänge drängten sich vor, eine wilde Lockung, laut hinauszulachen, näherte sich, zu deren Überwindung ich aller Kraft bedurfte, ich mußte die zweite Strophe schuldig bleiben, fand aber nach einigem Suchen die dritte:

Ein jeder sucht im Arm des Freundes Ruh,
Dort kann die Brust in Klagen sich ergießen;
Allein ein Schwur drückt mir die Lippen zu,
Und nur ein Gott vermag sie aufzuschließen.

Mein Zuhörer zeigte sich nicht sonderlich befriedigt. »Es klingt recht schön, steckt aber nicht viel dahinter. Wenn es wenigstens hieße: ›Gott allein‹: aber ›ein Gott‹! Sind wir denn Heiden? Laß dir lieber Webers ›Dreizehnlinden‹ aus der Schulbücherei geben, wenn du durchaus auf Gedichte versessen bist!« – Mittlerweile war mir die zweite Strophe noch eingefallen, und obgleich der Präfekt abwinkte, ließ ich mich nicht hindern, sie recht klar und laut aufzusagen:

Zur rechten Zeit vertreibt der Sonne Lauf
Die finstre Nacht, und sie muß sich erhellen;
Der harte Fels schließt seinen Busen auf,
Mißgönnt der Erde nicht die tiefverborgnen Quellen.

Hierauf erhielt ich keine Antwort, sondern nur den guten Rat, am kommenden Samstag meine Beichte zu ergänzen und am Sonntag früh zum Tisch des Herrn zu gehen.

Formen der Erziehung

Das Frühjahr brachte Veränderungen. Der düstere Präfekt verschwand, mit ihm der sehr betagte weltliche Direktor; nur Barry, der mächtige Hund mit den zweierlei Augen, blieb uns erhalten. Wie immer, lag er zu seiner Stunde nahe dem blauen Brunnen im Speisesaal und achtete auf den neuen Herrn so treulich wie auf den alten. Es war ein Priester, der die Leitung übernommen hatte. Leider blieb er nur kurze Zeit, aber doch lange genug, um die Stimmung des Hauses von Grund aus umzuwandeln. Man sah ihm auf den ersten Blick die ländliche Herkunft an, und wenn er, gebückt vor sich hinschweigend, die Hände auf dem Rücken, durch die Korridore ging, so glich er einem unansehnlichen Gütler, der, um die Ernte bekümmert, seinen Acker abschreitet. Wer ihm so begegnete, konnte ihn für mürrisch und etwas einfältig halten; sobald er aber lebhaft sprach oder lächelte, erschien hinter dem breiten, schon alternden Bauerngesicht ein anderes, fast frauliches, der graue Blick wurde blau von Seele, und man kam auf den Gedanken, er müsse eine schöne Mutter gehabt haben.

Vor allem kam uns Jüngsten die menschlich gemilderte Umwelt zugute. Das Faustrecht, das uns auf Gnade und Ungnade den Großen auslieferte, hob sich von selbst auf, und nun erst empfand ich den Segen der kleinen Hierarchie, der ich eingepflanzt war. Ja etwas Freundliches kam durch den geistlichen Herrn in unser Leben; es war öfter schön Wetter, und wir hatten seltener Verheimlichungen nötig als sonst. Immer wußte er uns weise von uns selbst hinwegzuführen, und anstatt, wie manche seiner Kollegen, die Phantasie zu befeinden, suchte er sie schön zu beschäftigen. Den meisten alteingesessenen Schülern war ja diese neue Humanität ganz und gar nicht nach ihrem Sinn; sie befürchteten von ihr die Gefahr der Verwöhnung, der Aufweichung, und in der Tat konnte man zweifeln, ob der Schülerstaat einen allzu zarten, allzu friedlichen Zustand auf die Dauer ertrug, ohne zu entarten. Gewiß war Freiheit des einzelnen wichtig; weit mehr aber lag jenen Wächtern daran, daß das Ganze von den Vorgesetzten unabhängig blieb. Dazu bedurfte es einiger Härte und Gespanntheit, und ganze Gymnasiastengeschlechter hatten daran gearbeitet, Formen zu erfinden, welche die ungeheure Würde der Gemeinschaft ausdrückten. Kam es bei Besuchen von Verwandten vor, daß zwei Zöglinge verschiedener Klassen einander draußen in der Stadt begegneten, so grüßten sie einander nicht minder feierlich wie etwa die beglaubigten Vertreter zweier Großmächte; todernsten Blicks, mit waagrecht weit hinausgehaltenem Hut gingen sie aneinander vorüber, und ohne Rücksicht auf begleitete Mütter oder Onkel hatte der Niedrigere den Bürgersteig in großem Bogen zu verlassen. Dagegen hätte es als unehrenhaft, ja verräterisch gegolten, einem zu grüßenden Lehrer auch nur um ein Strichelchen mehr Achtung zu bezeigen, als die Satzung vorschrieb.

Und so war es nicht ganz unverständlich, daß die Bewahrer des Herkommens der übergroßen Güte des neuen Herrn mißtrauten. Ansätze zu Verschwörungen entstanden, und man raunte von einer Verbindung, die gegründet werden sollte, einer Art Verein zur Erhaltung der Roheit, wie Hugo das nannte; aber der kleine stille Greis war der Stärkere, keiner jener Widerstände kam zur Entfaltung. Dabei fürchtete er sich keineswegs vor dem Ungewöhnlichen. Das erste, womit er uns überraschte, war die Berufung einer Blumenmalerin, die damals von Anstalt zu Anstalt reiste, um für kleinere Zöglinge, die dazu Lust hatten, einen vierzehntägigen Kursus in ihrer lieblichen Kunst abzuhalten. Die alte Dame erschien in langem, grauem Reisemantel, mit einem kleinen Lederkoffer, und weil gerade Mittag war, wurde sie gleich zum Essen eingeladen und durfte dem Direktor gegenüber zwischen den zwei Präfekten Platz nehmen. Sie hatte schon ganz weißes Haar und benahm sich zurückhaltend, fast schüchtern, was recht ratsam war; denn schon stieg in den oberen Klassen der Unwille gefährlich. Der älteste Schüler entsann sich keines derartigen Vorkommnisses, die Traditionen der Anstalt schienen aufs schlimmste bedroht, und ernsthaft sahen sich die Verantwortlichen vor die Frage gestellt, ob dergleichen denn ruhig hingenommen werden dürfe, ob man nicht wenigstens durch einiges Gemurre oder Hoho-Rufen zu einer Kundgebung geradezu verpflichtet wäre. Wer aber zusah, wie höflich der Priester den Gast behandelte und wie die braunseidene, mit langer Goldkette gezierte Gestalt vornehm zu danken und zu genießen wußte, dem blieb nichts übrig, als das nie Dagewesene, ob auch mit zusammengebissenen Zähnen, zu dulden.

Als droben im Studiersaal gefragt wurde, wer bereit wäre, gegen ein geringes Honorar, das die Eltern gewiß gern auf ihre Rechnung setzen ließen, am Unterrichte teilzunehmen, hob sich wie von selber meine Hand, und schon am nächsten Nachmittag begann im Speisesaal der Kursus, zu dem sich aber kaum zwanzig Zöglinge gemeldet hatten, da die meisten auf den täglichen Spaziergang nicht verzichten wollten. Mich dagegen freute es, daß nun die mütterlichen Gartenblumen aus meiner Hand hervorgehen sollten, nicht etwa nach vielen sommerlichen Mühewochen, sondern mitten im Winter, in wenigen angenehmen Stunden. Wenn mich etwas enttäuschte, so war es nur die Läßlichkeit der Lehrerin, die es uns gar zu leicht machte. Das Durchpausen, sonst sehr verpönt, hier war es beim Zeichnen der Umrisse gestattet; höchstens beim Kolorieren wandte sie einige Strenge an, dies war ihr die Hauptsache, und vor allem hielt sie auf Sparsamkeit: nur an den Rändern sollten wir die Farben etwas dicht auftragen, gegen die Mitte hin aber sie verdünnen und womöglich ganz verschwinden lassen. So entstand nun in kurzem eine Menge wunderschöner Veilchen, Winden, Heckenrosen und Kornblumen; man konnte nur noch staunen, was für ein Talent man war. Leider war die Zahl der Vorlagen klein; wir mußten uns mit Wiederholungen begnügen, und nun wurde die Sache den meisten bald langweilig. Schulaufgabenüberlastung vorschützend, blieb einer nach dem andern aus, und am vorletzten Tag war ich der einzige, der sich noch einfand, um in den schon bekannten Blüten und Blättern zu üben. Nach einer halben Stunde erklärte die Lehrerin, sie habe mir nun alles beigebracht, was im Plan ihres Kurses liege, falls ich etwas Wichtigeres zu tun hätte oder mich sonst zu unterhalten wünschte, könnte ich für heute gehen. Dazu fehlte mir aber jede Lust, und um nur bleiben zu dürfen, erzählte ich vom Kadinger Garten und fragte, ob wir nicht etwas Neues machen wollten, vielleicht eine Salpiglossis, das wäre eine gar herrliche Blume und vor allem wert, gemalt zu werden. Sie sah mich scharf an; plötzlich, errötend wie ein kleines Mädchen, gestand sie, diese Blume nicht zu kennen, ich solle sie doch ungefähr beschreiben. Jetzt war ich der Verlegene; denn obgleich mir ein ganzes Hochsommerbeet mit jenen tiefgefärbten, golden durchkräuselten Trichtern vorschwebte, so fand ich doch keine darstellenden Worte dafür. Stille war in Saal und Haus; die Schülerschar weilte noch im Freien, man hörte Geigenspiel aus einem fernen Zimmer, und laut in mein Schweigen rauschte der blaue Brunnen. Als ich beim Schlag der fünften Stunde noch immer die Auskunft schuldig war, erhob sich die Meisterin und legte mit leichtem Druck ihre Hand auf die meinige: »Weißt du was? Versuch doch, bis morgen selbst eine solche Blume zu zeichnen! Nicht etwa genau, nur mit einigen Strichen. Vielleicht erkenne ich sie dann, und wir führen sie zusammen aus.«

Diesem Nachmittag folgte ein unruhiger Abend; keine Schulaufgabe wollte gelingen, Trunkenheit wogte durch Augen und Glieder; nur die Hand, vom zarten Druck der alten Frau beschwingt, glaubte sich sicher und klar genug, um das Geforderte in wenigen Sekunden zu leisten. Sobald ich aber ans Werk ging, widerfuhr mir in der Blumenkunst etwas Ähnliches wie dereinst mit den Wachsfiguren des Krippchens, und was als eine Salpiglossis zu Papier kam, war nur vage plumpe Glockenform; das wesenhaft Unterscheidende blieb aus. Leider mangelte mir jetzt ganz und gar die Ehrlichkeit des Neunjährigen, der seine mißglückten Köpfchen mit wütendem Entschluß zu Boden geschmettert hatte; der Ehrgeiz, etwas vorzuzeigen, übertönte das Gewissen. »Sie kennt die Blume nicht, und obendrein ist Winter, wie will sie nachprüfen?« sagte ich mir und begnügte mich mit jener unwahren Halbgestalt, verzierte sie jedoch mit allerlei Schnörkelchen und Sternchen und redete mir sogar noch ein, etwas ungemein Schönes gemacht und die Natur übertrumpft zu haben.

Nachsichtig lächelnd betrachtete die Meisterin am folgenden Tage mein Machwerk:

»Eine Phantasieblume, – warum nicht? Willst du ihr Farben geben?«

Ich war mit der Erwartung von etwas Außerordentlichem gekommen, und hätte ich geschwiegen, das bloße Beisammensein wäre beglückend genug gewesen. Aber schon lag etwas Leidenschaftliches in der Luft, und frech den Beleidigten spielend, blieb ich dabei, das wäre durchaus keine Phantasieblume, sondern eine Salpiglossis, wie sie leibe und lebe, ich müsse es doch wissen.

»Wirklich? O dann möchte ich sie mir wohl abzeichnen.«

Sie schob sich ihren Block zurecht und begann zögernd zu kritzeln; immer mehr aber kam etwas Zweifelndes in ihre Mienen, plötzlich legte sie den Bleistift weg und sah zerstreut, als wäre sie allein, zum Fenster hinaus. Wieder war es tiefstill im Saal; überlaut rauschte der Brunnen. Ich verging vor Selbstverachtung, brachte es aber doch nicht über mich, die Wahrheit zu sagen. Unbegreiflich zum Schweigen verdammt, wandte ich keinen Blick von der Frau, die nun doch wieder anfing, meine Skizze zu betrachten und sich mit ihrem Stift zu bemühen. Sie sah bleicher und älter aus als sonst; feine Geflechte bläulich-roter Äderchen traten auf ihren Wangen hervor; aber gerade diese Zeichen des Zerfalls und Leidens erinnerten mich jetzt an das zarte Netz goldener Linien, das die zackigen Farbenkelche jener Blumen so geheimnisvoll durchzieht. Ab und zu schloß ich die Augen; dann drängte sich ein ganzer Flor der erlesensten Exemplare im inneren Gesicht zusammen. Mein eigenes Lügengebilde ferner anzusehen, war mir unmöglich; ich schaute schließlich nur noch auf die zeichnende Hand, betete zu Gott um Erleuchtungen und überließ mich dann und wann der inneren Herrlichkeit. Der armen Frau schien weder Bleistift noch Papier zu passen; schon hatte sie zwei Blätter zerrissen und eben ein drittes begonnen, als der Geistliche hereinkam, höflich leise bat, sich nicht stören zu lassen und, nach einigem Umhergehen, hinter der Zeichnenden stehen blieb. Jetzt wird sie das Ding endlich aufgeben, sagte ich mir, oder ich gestehe in Gottes Namen meinen Schwindel ein, – aber sonderbar: die Nähe des Priesters befreite sie zur größten Sicherheit, Strich auf Strich erblühte mühelos, im Nu war die Zeichnung vollendet, und gleich nahm sie Farben und Pinsel und machte sie bunt. Meine Vorlage hatte sie längst nicht mehr angeblickt, alles kam nur noch aus ihrem Innern, und auf einmal hielt sie mir ihr Vollendetes entgegen: »Gleicht es ein wenig? Bist du zufrieden?« Und siehe, himmlisch echt war diese dunkelblaue Salpiglossis, wie frisch gepflückt aus dem Garten der Mutter. Sie reichte dem Geistlichen das Blatt. – »Eine eigenartige Blume«, sagte dieser. »Trompetenzunge heißt sie wohl oder so ähnlich. Im kleinen Garten meiner Mutter blühte sie jedes Jahr.« Damit gab er es ihr zurück. Sie aber wies auf mich: »Er ist mir als einziger bis zum letzten Tage treu geblieben. Jetzt schließen wir den Unterricht, und meine Salpiglossis mußt du zum Andenken mitnehmen.« Sie stand auf, und ich konnte nichts tun als, mit meinem Bildchen in der Hand, mich entfernen. Benommene Tage folgten, die ich schließlich überstand, indem ich mich wieder zu dem großen Buch der Dichter flüchtete. Die befriedende Wirkung blieb auch diesmal nicht aus, obgleich ich nirgends auf einen Vers, nirgends auf eine Strophe geriet, worin ich meine Stimmung vollkommen wiederfinden konnte.

Endlich kehrt der Sommer zurück, und viel freier und einfacher wird nun das Leben; es dreht sich außerhalb des Unterrichts nur noch um Turnen, Springen und Schwimmen. Evas frühgestellte

Forderung, man müsse die Muskeln bis zur Beinhärte üben, wird auf einmal die allgemeine; dazu kommt spartanische Verpönung der Wehleidigkeit; was einem Schmerzhaftes zustößt, hat man ohne Schreien und Gesichterschneiden zu verwinden. Mißerfolge in der Schule verlieren an Bedeutung; dagegen kann einen die Frage, ob man berufen sei, dereinst am hohen Reck den Riesenschwung auszuführen, tief in den Schlaf hinein verfolgen. Ehre aber dem Andenken der Lehrer! Die Freude an der Körperbemeisterung teilte sich mehreren von ihnen mit; und wenn am Jahresende solch ein ruhmreicher Wettläufer oder Turnmeister über Latein oder Griechisch zu straucheln droht, wird ihm nicht ungern einige Nachsicht gewährt. Einem lustigen Irrtum verfällt mancher versonnene Unerfahrene, da er die leiblichen Veränderungen an sich bemerkt, welche seinen Jahren zukommen; wie Verunstaltungen werden sie zunächst empfunden, dann erfolgt Aufklärung, und nun nimmt man sie als etwas ausnahmsweise Vorzeitiges, als eine Extrabelohnung der Natur für unvergleichlichen turnerischen Fleiß, man verdoppelt seinen Eifer, um die Symptome beginnender Männlichkeit noch schneller zu entwikkeln, muß jedoch zu seinem Ärger erfahren, daß auch Nichtturnern und Nichtschwimmern gleichen Alters die nämlichen Auszeichnungen zuteil werden.

Hugos Kränklichkeit hatte im Winter zugenommen; er mußte sein Studium auf lange Zeit unterbrechen und Kuren durchmachen, wodurch ihm ein zweites Jahr verloren ging; als er wieder eintraf, gehörten wir der gleichen Klasse an, und nun stand uns nichts mehr im Weg, Duzfreunde zu werden. Dieser Neidlose, dem seines schwachen Herzens wegen das Turnen verboten war, bestärkte mein Streben; er sah im nächsten Sommer meinen Übungen aufmerksam zu und besprach bald lobend, bald bemängelnd jede neue Leistung. Dabei wob sich unmerklich ein anderes Band zwischen uns, ein feines und weit festeres, als ich mir damals zugestanden hätte. Während er nämlich arglos von seinem zu Hause verbrachten Jahr erzählte, wurden mir nach und nach seine

Angehörigen vertraute halbklare Gestalten, und eines Tages wars ein unausgesprochenes Geheimnis zwischen uns, daß eine Leidenschaft für seine Schwester Irma mich im Innersten beherrschte. Nicht als ob mir das Mädchen je zu Gesicht gekommen wäre – Hugo besaß nicht einmal eine Photographie von ihr –; aber die Seele brauchte wenig Stoff, um sich ein Bild zu machen. Eine gewisse blasse Grundvorstellung trug sie eingeboren in sich; Wesenszüge, die der Freund überlieferte, setzten sich leicht in sinnliche um, und was etwa fehlte, gab die eine oder andere schöne Landshuterin her, die dem Zug der Zöglinge auf dem gemeinsamen Spaziergang begegnete. Im Sommer blieb alles noch scherzhaft; als aber die träumerischen Zwielichtsmonate wiederkamen, wurde Irma zum einzigen Sinn des Daseins, und listig tüftelte ich mir schon untertags die Reden aus, durch welche ich das himmlische Wesen in die Unterhaltung des Abends einzuführen gedachte. Hugo nämlich wollte zunächst abwehren, ging aber später doch, mitgerissen von meiner Glut, auf mein Gedankenspiel ein, das ihm große Macht über mich verlieh, und machte mich nun je nach Laune glücklich oder unglücklich. War eine Obstsendung aus Kading gekommen, so gab ich ihm vor dem Schlafengehen immer noch einen besonders prächtigen Apfel für Irma mit, und nie vergaß er, mir nach einigen Tagen ihren Dank zu übermitteln. Dann und wann beglückte er mich durch eine Gegengabe grenzenlos, stieß mich aber auch einmal in Höllen der Verzweiflung, indem er mir traurigen Gesichts letzte Grüße von Irma überbrachte; sie habe in Würzburg einen wohlhabenden jungen Kaufmann kennen gelernt und werde wohl bald heiraten, ich solle mirs nicht allzusehr zu Herzen nehmen. So einfach ließ ich mich aber nicht abschütteln, und nun vermischte sich wirkliche und gespielte Leidenschaft mit ausgelassener Redelust; es entstanden stürmische Szenen, die schließlich den Freund erschreckten, so daß er die Verlobung zurückgehen ließ. Damit aber war leider die Höhe der Liebe überschritten; wir fanden Geschmack an solchen Aufführungen, die um so schlagfertiger wurden, je mehr sich die ursprünglich echte Empfindung dabei verlor. Dennoch wuchs Irma noch eine Zeit lang an Reiz und Huld, und Hugo, der sich als Älterer ein wenig zur Überwachung meiner Schulfortschritte berufen fühlte, bewirkte manches Gute, indem er durch die Vorstellung einer immer anteilnehmenden Schwester meinen Fleiß zu stärken wußte. Jeden Erfolg und jeden Mißerfolg verriet er ihr, und ebenso pünktlich brachte er mir ihr Lob oder ihre Betrübnis zum Ausdruck. So tat ich mein Bestes, um bei der nie gesehenen Geliebten in Geltung zu bleiben, und etwa bis zu der Zeit, wo der priesterliche Lenker uns verließ, dauerte das geistig zarte Verhältnis, das vielleicht nur in der von ihm geschaffenen Atmosphäre möglich war.

Grünes Tischchen und verlorner Schlüssel

Der Aufruhr, der sich in so vielen eingeschlossenen Knaben und Jünglingen immer bereithielt, brach plötzlich hervor, als abermals ein neuer Gebieter über uns gesetzt wurde. Dieser durchaus wohlwollende Mann, der später die Anstalt unermüdlich ausbaute und schmückte, kam damals aus anderen Verhältnissen her und fand erst nach und nach die rechte Art, mit uns umzugehen. Nicht als ob er uns hart behandelt hätte; er brachte wohl einige Neuerungen mit und schickte uns gar zu eifrig in die winterliche Frühmesse, ließ jedoch im ganzen alles beim Hergekommenen und strafte ungern. Aber schon hatten wir uns an die schweigsam kluge Führung des Priesters gewöhnt, der uns ohne merkbare Einwirkung in Zucht zu halten wußte. Der neue Vorsteher, schon durch Vollbart und modisch weltlichen Anzug befremdlich, begrüßte uns mit einigen kräftigen Ansprachen, deren fremder nordischer Ton unseren altbayrischen Ohren streng einging. Von irgendeiner Seite her mußten wir ihm als ziemlich verwilderte Rotte geschildert worden sein, und leider ließ er es merken. Er war mit dem Entschluß gekommen, gründlich Ordnung zu schaffen, das war löblich; aber er sagte es uns, und das war ein Fehler.

Zu den Abwehrmitteln, die aus alter Zeit überliefert waren, gehörte mancherlei aufbegehrender Lärm, den wir selbst als ›pöbeln‹ bezeichneten. Vor dem geistlichen Herrn hatten auch die Verwegensten zuviel Ehrfurcht gehabt, um dergleichen zu wagen; jetzt aber waren bald alle darüber einig, daß irgendeinem Unheil vorgebeugt und auf eine freilich vorerst nur gelinde Art gepöbelt werden müsse. Verschiedene Formen standen uns zu Gebote. So war, als Antwort auf Strafreden, ein dumpfes, tief hingezogenes Murren beliebt, das halb im Kehlkopf, halb am

Gaumensegel entstand, so daß kein Verziehen des Gesichts dazu nötig war; ja, schauspielerisch Begabte konnten ganz freundlich dabei lächeln. Von allen zweiundsiebzig Schülern gemeinsam ausgeübt, hatte es jederzeit bedeutenden Eindruck gemacht. Auch diesmal war die Wirkung stark, stärker sogar, als wir erwartet hatten. Denn als wir am nächsten Tage den Speisesaal betraten, stand mitten darin ein hochbeiniges, laubfroschgrünes Tischchen, dem etwas Unholdes auf den ersten Blick anzumerken war. Nicht lange blieben wir im unklaren. Vor Aufhebung der Tafel klingelte der Herr Direktor und tat zu wissen, daß dieses Tischchen als ein Straftischchen anzusehen sei, an dem unbotmäßige Zöglinge künftig in Absonderung und Schweigen ihr Essen einzunehmen hätten. Ein scharf gesprochenes »Dixi« beschloß die feindselige Erklärung. Einen Augenblick lang standen wir erstarrt; vom Tische der obersten Klassen, dem sogenannten Olympos her, aber erscholl alsbald ein tröstlich-männliches Baßgelächter, das zu den mutierenden Stimmen der mittleren Tische weiterstieg und in den silberhellen Kehlen der ersten Kurse schüchtern verklang.

In jenem Olympos nämlich saßen die Häupter der Erhebung, die sich nun unaufhaltsam vollzog. Diese zukunftwitternden Jünglinge riefen uns ins Gedächtnis, daß edle Völker großer Jahrhunderte die Freiheit höher geachtet hätten als ein entwürdigtes Leben, und verwiesen auf den Geßlerhut, in welchem sie einen Vorläufer des grünen Tischchens erkennen wollten. Sie forderten gemeinsames Handeln und erklärten jeden empörerischen Streich eines einzelnen für schädlich.

Uns begeisterten diese Losungen; wie ein Bienenkorb summte die alte Kaserne, das oft so leere Gefäß der Zeit funkelte und schäumte von Inhalt. Eine allgemeine Großmut kam auf, glimmende Feindschaften erloschen, alte Schuldbriefe wurden zerrissen, entwendete Gegenstände freiwillig zurückgegeben, die Betonung der Klassenunterschiede hochherzig vermieden. Übrigens beschloß man, vorerst keinen Hauptschlag zu führen, sondern listig zuzuwarten, bis der sehr verblendete Mann sich noch tiefer in Schuld verstricken würde. Durch Einführung des Tischchens war unsere Stellung ja so klar und sicher geworden, daß wir uns Zeit lassen durften. Im Grunde haßten wir wohl das neue Möbel gar nicht, sondern freuten uns täglich der schönen grünen Fanfare, die den Kriegsgeist nicht einschlafen ließ.

Wenn viele der Jugend etwas Traumartiges zuschreiben, so meinen sie damit gewiß jenen beglückenden Mangel an Augenmaß, vielleicht auch jene Leichtheit und Unstofflichkeit, welche es möglich machen, daß die gegensätzlichsten Erscheinungen und Gedanken sich ohne Störung in ihr tummeln und wie Wolken ineinander verfließen. Das Reich der Dichter, in dem keine Auflehnung notwendig ist, begann mir damals zu einer geistigen Heimat zu werden; aber das hinderte mich nicht, in der allgemeinen Gärung mitzukreisen, die jede innere Forderung zu begünstigen schien. Schon sah ich die Natur mit uns im Bunde; lang vergessene Verkündigungen der Forelle stiegen auf, und wenn aus grauen Sturmgründen Hagel herabschlug, Dachziegel wie Kartenblätter dem Jodoksturm entstoben oder böse Nachrichten vom Hochwasser einliefen, das draußen vor der Stadt Bäume fortriß und Häuser zerbrach, so grüßte ich schaudernd die tiefempörte, tief mit uns einverstandene Welt.

Als ich einmal nachmittags durch den Speisesaal ging, fiel ein Blitz, obgleich erst Februar begonnen hatte; grünfeurig loderte das Tischchen dicht vor mir auf, Gewalt ging von ihm aus, eine fast zärtliche Regung zog mich an, das Verlangen, mich wie ein Gestrafter davor zu setzen, war kaum noch zu bändigen, und schon spähte ich nach einem Stuhl; aber Zöglinge betraten den Saal, die verräterhafte Anwandlung schwand, und ich lief meiner Wege.

Hugo ging es nicht anders als mir; auch er lebte ein Doppelleben und war zu jeder kindlichen Torheit bereit, während er sich sehnsüchtig den Welten großer Dichter öffnete. Ganze Abende vergingen in lesender Eintracht; einer ehrte die Bewunderungen des andern. Prosa, soweit sie nicht hymnisch tönte, wurde verachtet; was uns hinriß, war nur der Flug, nicht der noch so edle gemessene Gang. Ja, traumhaft ungespalten und ohne Nachdenklichkeit nahmen wir alles auf: Klopstock, Schiller, Kleist, Hölderlin und Goethe, – das waren für uns noch keine scharf gesonderten Welten, und Käthchen von Heilbronn und Iphigenie wanderten schwesterlich im Zwielicht unserer Seelen. Auch war noch irgendwoher die Meinung zu uns gedrungen, daß ein Dichter den andern beschatten oder daß man den einen durch den andern überwinden könne; sie waren uns alle nur Äste und Zweige eines unsichtbaren Geisterbaums, der irgendwo im deutschen Norden stand und über allen Seelen rauschte. So hatte auch keiner den andern zu beneiden; jeder lief seine Bahn, jeder kam einmal an den Punkt höchster Beglänzung, wo kein anderer ihn ersetzen konnte, jedem schlug einmal die Stunde, wo sich die Finsternis eines Herzens in ihm aufhellte, in ihm allein. Wenig galt uns das Persönliche, und wenn uns jemand gesagt hätte, Goethe habe nichts für Kleist und Hölderlin getan, so würden wir das nicht verstanden haben, – hatte er nicht auch für sie geschaut und gesungen? Ihre Dämonengeschicke aber gehörten unablösbar zu ihnen; ich vermochte sie mir so wenig von ihnen wegzuwünschen wie einstens den Teufel aus meiner Krippe.

Indessen schritten die jungen Geister des Aufruhrs mitten durch jene Genien hindurch und erglühten dann sonderbar, wie wenn sich ein dunkelfarbiger Strahl mit einem hellen, farblosen schneidet. Schon trieb alles zur Entscheidung. Ein schmächtiges, etwas freches Schülerchen des zweiten Kurses ward als erster ausersehen, am grünen Tischchen Buße zu tun; zögernd, graubleichen Gesichts, ging der Arme darauf zu, warf noch einen ersterbenden Blick in die Runde, als wollte er uns alle um Verzeihung bitten, war aber noch keine zwei Minuten gesessen, als er plötzlich, beide Hände in die Magengrube pressend, mit schmerzvollem Schrei, der wie die Anrufung eines Heiligen klang, aufstand und, während sich ein seltsam gezwungenes Gurgeln in seinem

Halse verfing, zur Türe hinaus und in sein Bett rannte, das er drei Tage lang nicht mehr verließ.

Leider verachtete der Gebieter das böse Omen, das er doch in dem rätselhaften Vorgang hätte erblicken müssen, und rief bereits am nächsten Sonntag abermals einen Zögling an das Tischchen, der auf dem Landspaziergang einen Rübenraub verübt hatte und obendrein gegen den Besitzer des Ackers, der ihn zur Rede stellte, grob geworden war. Als ich sah, daß er der Dickelhuber war, den das Los treffen sollte, konnte ich mich eines gewissen Mitleids mit unserem Herrn Direktor nicht erwehren. Wer nämlich den bäuerlich-stolzen, störrisch-verschmitzten Knaben kannte, durfte annehmen, daß eher er den Vorgesetzten ans Katzentischchen bringen würde als dieser ihn. Die gemeinsame Erregung wurde auf einmal so groß, daß keiner mehr auf seinem Platze sitzen blieb; alle hatten sich wie eine Front erhoben, jeder fühlte die Wichtigkeit der Stunde.

»Du wirst ans Tischchen gehen«, sagte der Direktor traurig-ernst mit einer Handbewegung, die für mich etwas Zwingendes hatte, was aber der Dickelhuber nicht mitfühlte; bescheiden, fast ehrerbietig erklärte er, daß er dort nicht hingehen möchte. Es lag nun vor aller Augen, daß dieser Schüler nicht leicht zu behandeln war, und der Direktor versuchte es mit gütigem Zureden; er beteuerte dem Dickelhuber, daß keineswegs die Absicht bestünde, ihn etwa lange sitzen zu lassen, die Strafe sei nur eine sinnbildliche, über allem aber stehe das Gesetz, und leider sei dieses, wie er als ein kluger Junge zugeben werde, nun einmal durch ihn verletzt worden. Und wieder kam die nach dem Tischchen verweisende Gebärde. Jetzt begann ich in meinem Herzen zu zittern und zu zweifeln, – das war schon kein Befehl mehr, eher eine Einladung, fast eine Bitte –, wie konnte der Unglückliche noch festbleiben? Ich wenigstens hätte nicht für mich einstehen mögen, und aus dieser innersten Angefochtenheit heraus, höchst unüberlegt, mehr mich selbst als den Dickelhuber meinend, schrie ich mit überlauter Stimme: »Geh nicht hin!« – Schreckliche Stille folgte dem unbedachten Wort, eine neue Lage war geschaffen, jeder fühlte es. Gefährlich blickend, wandte sich der Direktor nach mir um, schon sah ich mich selber der grünen Schmach verfallen; aber plötzlich, wie eingeübt, riefen alle zweiundsiebzig auf einmal: »Geh nicht hin!«

Man kennt arabische Stämme, die bei großer Erregung ihre gewöhnliche Sprache aufgeben und in ein rhythmisches Reden geraten; so ging es jetzt uns, der ganze Chor schrie wie im Versmaß, beinah singend: »Dickelhuber, geh nicht hin! Geh nicht hin! Geh nicht an das Tischchen!«

Da hob Dickelhuber die Hand zum Zeichen, daß er sprechen wolle, und man schwieg. Was er vorbrachte, kam etwas verworren und abgehackt heraus, doch verstand man, was er meinte. Der frühere Direktor, sagte er, sei auch ohne solch ein grünes Gestell ausgekommen, aber der sei eben ein Niederbayer gewesen. Traurig sei es, daß es in Niederbayern jetzt so etwas geben dürfe. Anspucken würde ihn sein Vater, wenn es daheim in Geiselhöring aufkäme, daß er sich an solch ein Prangertischel gesetzt habe. Nein, er wolle lieber eine Rektoratstrafe auf sich nehmen. »Dixi« setzte er noch, den Herrn Direktor nachahmend, hinzu. Jeder glaubte, auf diese Rede hin werde etwas Außerordentliches erfolgen; aber nichts geschah. Der Vorgesetzte nannte Dickelhuber einen überreizten Buben, der in einer durchaus falschen Auffassung befangen sei; nächstens werde er wohl noch unter vier Augen ein Wörtchen mit ihm sprechen. Dann befahl er uns, die Plätze wieder einzunehmen, setzte sich selbst, und alles ging seinen gewöhnlichen Gang. Das Tischchen blieb leer, der Abend verlief ruhig.

Kindliche, leicht versöhnbare Seelen, wie Hugo und ich, waren der Meinung, daß es nun fast genug sei, daß wir allmählich nachgeben und in die alten Formen des Gehorsams zurückkehren könnten; aber damit bewiesen wir nur unsere Unreife. Die Lenker der Empörung überblickten die Lage klarer. Das waren große Wissende des Lebens und der Geschichte; sie kannten die Gefahren der Halbheit. Zwar begriffen auch sie, daß der Ausnahmezustand nicht immer währen könnte; doch wünschten sie kein sieches Ende, sondern einen harten triumphalen Schluß. »Ceterum censeo mensam viridem esse delendam«, – vom Olympos her war das Catonische Wort erklungen; wer es zuerst ausgesprochen, konnte niemand sagen. Genug, es war da, huschte von Tisch zu Tisch und überzeugte. Keiner legte ein Wort für das verachtete Möbel ein, und wie bei Standgerichten erfolgte die Vollstreckung des Urteils innerhalb vierundzwanzig Stunden. Zwischen Unterricht und gemeinsamem Spaziergang trugen am nächsten Tage die Verschworenen unter ihren Mänteln Säge, Beil und Stemmeisen aus der Holzlege in den Speisesaal. Ich war den Posten zugeteilt worden, welche Treppe, Gang und Hof nach Gefahren abzuspähen hatten. Mit dem Fieber der Elektra, die draußen harrt, während Orestes im Hause mordet, hörte ich fernher die gedämpften Töne der Zerstörung, im stillen froh, daß ich nicht selber Hand anlegen mußte.

In wenigen Minuten war der Frevel vollendet. Als wir uns am Abend versammelten, sah der Direktor, hereintretend, nur mehr ein trauriges Häufchen Splitter und Späne, über welchem, Totenknochen ähnlich, die Beine des Tischchens gekreuzt lagen. Erbleichend wollte er heftig losbrechen, besann sich aber und gab uns ein Beispiel männlicher Selbstüberwindung, indem er nur den Hausdiener heranwinkte und ihm befahl: »Schaffen Sie dies fort!«, worauf er, als wäre nichts geschehen, die Hände zum täglichen Gebet erhob. Seit langem war dieses nicht mehr so vollstimmig und eifrig von allen zweiundsiebzig Zöglingen gesprochen worden wie jetzt. Unverwandt starrten alle zum Kreuze hin; vor dem innern Blick aber stand wohl jedem das vernichtete Strafgerät. Beim Essen herrschte die gedämpfte Stimmung eines Trauermahls. Mochte nun kommen, was wollte, jeder fühlte das Ende einer Epoche und hoffte auf ein neues Leben. Solang das grüne Tischchen als harte Wirklichkeit im Saal gestanden hatte, war es machtlos geblieben; jetzt aber schwebte es als geistige Erscheinung zwischen uns und mahnte zur Besonnenheit.

Das tief Beharrende in unserm Leben, aus dem alles Werden kommt, hat für jede Seele eine eigene Form, aufzubauen und abzutragen. Mich schien es zeitweise völlig zu vergessen, bis ich mir in Leichtsinn und Verstiegenheit nahezu abhanden kam; dann spielte es mir plötzlich ein erschreckendes Zeichen in die Hand, ließ mir aber selten Zeit zur Besinnung, sondern erweckte mir ein Unheil nach dem andern, bis ich mich wieder auf mein Maß zusammenzog.

Die Aufruhrtage waren vorüber; halb dachte man stolz, halb mit Beschämung an sie, niemand wünschte sie zurück. Erdbeben und Fluten, die man sich in trunkenen Stunden zu Hilfe gehofft hatte, waren glücklicherweise ausgeblieben; das alte Gebäude stand wie immer, und unversehrt gingen die Vorgesetzten darin umher. Dennoch war der Kampf nicht vergeblich gewesen. Keine scharfen Ansprachen erklangen mehr, von einem Ersatz des Tischchens war nicht die Rede; man hatte für seine Zerstörung nicht einmal Strafen verhängt. So fühlten wir uns nicht mit Unrecht als die Sieger und waren durchaus zur Großmut geneigt. Auch nahten die drei Karnevalsabende, wo keiner auf das hergebrachte Recht, als Maske zu gehen, verzichten wollte; schon deshalb lag uns daran, dem Gebieter zu zeigen, daß wir nur die Ehre wahren, weiter aber nichts Unbilliges gewollt hatten. Ein peinlicher Vorfall drohte die noch unfesten friedlichen Beziehungen zu stören, gab uns aber zugleich Gelegenheit, unsere neue biedere Gesinnung zu bekunden. Eines Morgens war der große Schrank, der die Bibliothek der Zöglinge enthielt, abgesperrt und nirgends der Schlüssel zu finden. Bald konnten wir nicht mehr bezweifeln, daß ihn ein boshafter Schüler abgezogen habe. Man verfluchte den sinnlosen Streich und ermahnte durch Anschlag in den Studiersälen den Täter zum Wiederhergeben des Schlüssels; aber der blieb verschwunden. Da schlug jemand vor, eine Abordnung zum Direktor zu schicken und ihm erklären zu lassen, daß wir die häßliche Tat bedauerten und verurteilten. Mich entzückte der Einfall, ja als angefragt wurde, wer den Sprecher machen wolle, und nicht gleich jemand sich meldete, bot ich mich, etwas voreilig, an. Der Direktor empfing uns ernst und legte, als ich ums Wort bat, seine Stirn in bedenkliche Runzeln, glättete sie aber während meiner kleinen Rede wieder, und als ich zuletzt, mich in Entrüstung hineinschwätzend, erklärte, wir würden den feigen Täter gewiß noch ausfindig machen und auf mindestens vier Wochen in Verruf erklären, lächelte er, lobte unsern Entschluß zu freier Aussprache und entließ uns freundlich, teilte auch mit, daß der neue Schlüssel bereits in Arbeit genommen sei.

So war der Zwischenfall unschädlich gemacht, und froh betrieben wir die Vorbereitungen zur Fastnacht, schrieben den Eltern unsere Wünsche und übten kleine Theaterstücke ein. Mein Bittbrief war einer der ersten, die Erhörung fanden. Eine lange Schachtel kam aus Kading; darin lag unter Seidenpapier ganz oben ein Hemd von feiner Leinwand, überall der Länge nach in Falten gelegt, der Halsrand von dunkelroter gedrehter Schnur durchlaufen. Darunter folgte ein Samtröckchen mit kurzen Ärmeln, das war so schön rot wie der veredelte Flachs im Elterngarten, wenn die Mittagssonne darüber stand. Ein Goldband schlang sich als Gürtel zweimal herum, daran hing vorne ein silberbrokatenes Täschchen; ich griff hinein und hatte einen Taler in der Hand. Die hellgraue Hose war ganz eng und setzte sich zu Strümpfen fort; an spitzen roten Schuhen schimmerten kleine goldgraue Rosen. Der Hut, an Farbe dem Röckchen gleich, war mit Nähten an den Schachtelwänden befestigt; ihn schmückte ein Ring von blitzenden Steinchen, der eine weiße Feder hielt.

Hugo erklärte das Ganze als eine altertümliche Edelknabentracht und wunderte sich nur, daß kein Degen dabeilag. Nun fand auch ich, daß wohl irgendeine Waffe dazugehört hätte; dabei fiel mir jener unselige französische Säbel ein, mit welchem ich die Mutter an ihrer lieben Hand verwundet hatte, und jetzt glaubte ich auch zu erkennen, weshalb mir der Degen vorenthalten war; aber das verminderte nicht meine Freude. Dennoch erfuhr das Glück des Tages eine sonderbare Trübung.

Vor der Studienzeit lief ich noch ein wenig in den Hof, was eigentlich verboten war, und schliff auf dem Eise hin und her. Es dämmerte schon, fern am Hofberge fuhren Kinder auf Handwägelchen einige Kübel mit hohen Ziergewächsen vorüber; diesen sah ich gedankenlos nach und hörte dabei die Glocke, die zur Pflicht rief, beschloß aber, nicht sogleich zu folgen, sondern erst noch eine Strecke hinauszugleiten. Da kam ich auf dem Eise zu Fall und spürte am linken Rippenbogen einen brennenden, atembenehmenden Schmerz. Mühsam stand ich auf und suchte am Boden den spitzen Stein oder Strunk, dem ich die Verletzung zuschrieb, fand aber nichts dergleichen. Dagegen griff ich im Westentäschchen etwas Hartes und zog einen mittelgroßen Messingschlüssel hervor, den ich bald als jenen vermißten des Anstaltsbücherschranks erkannte. Nun dämmerte mir auch auf, daß ich am fraglichen Tage noch spät in dem Raum gewesen war, um ein Buch zurückzustellen. Dabei mußte es geschehen sein, daß ich, abwesenden Geistes, den Schlüssel umdrehte, abzog und zu mir nahm, wie ich es von meinem Kleiderschränkchen her gewohnt war.

Verwirrung und Unheil, die wir in sogenannter Zerstreutheit gestiftet haben, pflegen wir einander zu verzeihen, und doch können sie uns manchmal mehr bedrücken als die Folgen eines bewußt zugefügten Unrechts; wir müssen der eigenen Natur mißtrauen, die wir so schlecht verwahrt sehen. In meinem Fall war ja nun gerade nichts Ungeheuerliches geschehen; aber das konnte ich nicht gleich ermessen: Schuld- und Unschuldsbewußtsein, Einsamkeits- und Gemeinschaftsgefühl, Erlebtes und Vorempfindung des noch Ungelebten wirkten zusammen und versetzten mich in große Niedergeschlagenheit. Jene Mumienfinger, die der Knabe einst in der Gerümpelkiste zu fassen bekommen, was waren sie für ein vergnüglicher Fund gewesen gegen diesen! Und schwerer noch als damals schien es mir jetzt, die Last des Geheimnisses zu tragen; ja mein Alltagsgewissen sagte mir, daß ich nun unverzüglich den Schlüssel zurückzutragen und ein Bekenntnis abzulegen hätte, zuerst vor den Mitschülern, dann vor dem Direktor. Diesem Vorhaben mischte sich sogar etwas Eitelkeit ein; ich wußte ja, was geschehen würde. Auf ein hartes Angefahrenwerden mußte ich gefaßt sein; dann aber hätte man über meine Zerfahrenheit gelacht und mich schließlich wegen meines ehrlichen Geständnisses noch sehr belobt. Immer aber in ähnlichen Lagen spricht auch eine unterirdische Stimme, die uns rät, zu schweigen, still zu leiden und das Erlebnis wie einen Keim in das Herz zu senken. Und plötzlich fühlte ich den Schlüssel wie etwas Lebendiges in meiner Hand; einem Fliehenden gleich fing ich zu laufen an und warf ihn mit aller Kraft in das verschneite Gelände hinaus.

Am Abend war ich mehrmals nahe daran, wenigstens Hugo in mein Geheimnis zu ziehen; dem aber brauste schon der Karneval im Kopf; ein ernstes Wort mit ihm zu sprechen, war unmöglich. Eine Veränderung schien er übrigens an mir zu bemerken. »Morgen ist der erste Abend«, rief er zornig, – »weißt du's nicht, Spießbürger?« – »Bis dahin spar ich mir eben das Lustigsein auf«, gab ich zurück. – »Ich aber bringe dich noch heut zum Lachen, wetten wir?« – Ich setzte dagegen, und zunächst erfolgte nichts; dennoch verlor ich die Wette.

Während wir uns wie immer klassenweise zum Schlafengehen aufstellten, flötete aus dem schon verdunkelten anderen Ende des Saals eine feine Mädchenstimme: »Gute Nacht, verehrter Herr Kandidat, gute Nacht!« – Der Angerufene war der neue Präfekt, Herr Kandidat Buchkatz, ein sehr hübscher junger Mann voll blonder ölglänzender Löckchen; er mochte gerade weit weg gedacht haben und sah recht versunken aus, griff aber nun, unsagbar geschmeichelt, an seinen schönen Kinnbart und erwiderte mit verbindlicher Neigung ins Dunkle hin das Gute Nacht. Wir alle begriffen, daß es Hugo war, der, etwas Narrenfreiheit vorwegnehmend, sich bauchredend hören ließ, und während wir noch kicherten, erklang es ganz in der Nähe: »Schlafen Sie recht, recht wohl, hochverehrter Herr Kandidat!«, was nun so unwiderstehlich klang, daß alle, auch Direktor und Kandidat selbst, in Gelächter ausbrachen. Mich befiel ein wahrer Lachkrampf, der nicht mehr endete, bis ich droben im Bette lag, da gewann wieder der verlorene Schlüssel seine Macht. Zwar konnte ich mir zum Troste sagen, daß er bereits ersetzt war; dennoch blieb das Ganze beunruhigend. Hugos Planetenfurcht umschwebte mein Lager; ich fragte mich, ob ich nicht etwa in ein ungünstiges Firmament getreten sei. Aber da fielen mir die herrlichen Maskenkleider ein; im Geiste zog ich Hemd und Röckchen an und freute mich unbändig, bis auf einmal doch wieder der gelbe Schlüssel erschien; glänzend lag er auf dem grünen Tischchen. Ich wollte ihn verstecken und griff nach ihm; aber da war es gar kein Schlüssel mehr, sondern bloß eine Schlüsselblume, schön handgemalt in einem alten Bilderbuch, in dem ich träumend zu blättern begann.

Fasching

Immer deutlicher zeigte der neue Herr, dass er mit uns in Frieden zu leben wünschte; er liess die hergekommenen Faschingsbräuche bestehen und sah mit wohlwollendem Staunen zu, wie wir lange bunte Bänder, von denen freundlich grinsende Goldmonde herabhingen, über die Speisesaalwände spannten und uns in Masken tummelten. Daß wir durch Stadtschüler Wein hereingeschmuggelt hatten, entging ihm nicht, und es erfüllte ihn mit Sorge; aber auch das Weintrinken an den drei Karnevalsabenden gehörte zu den uralten Gerechtsamen der oberen und mittleren Jahrgänge, und so ließ er es denn bei einer Mahnung zur Mäßigkeit bewenden. Mein Kostüm lobte er; nur, meinte er, sei es fast unheimlich, mich so wohlerzogen zu sehen. Es war nicht zum ersten Male, daß ein Gewand mich verwandelte, und gewiß hat es immer zum Sinn der Trachten gehört, daß sie dem Menschen eine Haltung aufzwangen.

Aber der Wein ging um, und bald verriet er die innersten Richtungen. Mancher, der sonst ein Schreier war, wurde besinnlich still; dagegen führte mancher als nüchtern und schüchtern Bekannte plötzlich eine unerhörte Sprache, man glaubte sich in die wildesten Aufruhrzeiten zurückversetzt. Ein zarter Zögling, der uns durch übertriebenes Frommtun gelegentlich zu ärgern pflegte, begann als weißer, gelbgetupfter Clown zu weinen und zu fluchen; und als man teilnehmend fragte, was ihm fehle, erging er sich in verworrenen Reden von einer bleichsüchtigen, brandrot gelockten Kusine; die Bedauernswerte sei, wenige Straßen entfernt, im Kloster der Ursulinerinnen eingesperrt, alle die armen Mädchen müßten ohne Zweifel die Faschingsnächte im Gebet verbringen und Milch trinken; wenn wir nicht samt und sonders elende Schufte und Feiglinge wären, zögen wir hinüber mit unserem Wein, verjagten die bösen Nonnen und feierten mit den schönen Kindern einen herrlichen Karneval. So frevelmütigen Reden folgte die gerechte Strafe auf dem Fuß. Entkräftende Übelkeit befiel den Unseligen; er mußte Hals über Kopf, umstürmt von Gelächter, das Weite suchen und fand sich erst spät, in ganz gebrochener, bußfertiger Stimmung, wieder ein.

Ein kleiner Streit entstand im Laufe des Abends über Herrn Buchkatz, den neuen Kandidaten; ein viel umherhorchender Schüler wollte wissen, es habe mit diesem Vorgesetzten eine eigene Bewandtnis, die Gabe der Dichtkunst sei ihm verliehen, in freien Stunden schließe er sich ein und schreibe Verse zu Ehren heiliger Männer und Frauen, prächtige, die bereits in Zeitschriften durch die Welt klängen. Diese Kunde, die mir so starkes Herzklopfen erregte, als ginge sie mich persönlich an, wurde von mehreren als unglaubhaft zurückgewiesen, es gab ein hitziges Für- und Widerreden, das auszuarten drohte, bis Hugo, der als Türke verkleidet war, durch List und Scherz den Wortwechsel in Heiterkeit zerstreute. Die Arme über der Brust gekreuzt, mit einer tiefen Verneigung, näherte er sich dem Rätselvollen und fragte bescheiden, ob er sich eine Auskunft erbitten dürfte. Voll Neugier kam jetzt einer um den andern herbei; der Freund aber, schon leicht betrunken, gab uns alle der Enttäuschung preis. Als nämlich jener Gewährung nickte, brachte er mit kindlicher Stimme nur die Frage hervor, ob es denn auf Ehre wahr sei, daß wir uns heute alles, aber auch wirklich alles erlauben dürften, was Buchkatz mit einiger Ängstlichkeit verneinte, worauf Hugo, rückwärtsschreitend und seine Haltung immer mehr verdemütigend, sich langsam entfernte.

Rasch kehrte sich die Neugier der Zöglinge von Buchkatzens Dichterschaft zu anderem; vermutlich war ich der einzige, der sich über die Möglichkeit, einen wirklichen Poeten leibhaftig vor sich zu sehen, nicht so bald zu fassen wußte und das Geheimnis zu ergründen beschloß. Indessen aber nahte mir bereits ein wundersames, nie ganz aufgeklärtes Verhängnis. An unserem Tische war der Wein ausgegangen, und eben befand ich mich auf dem Wege zum Studiersaal, wo, am unvermutbarsten Orte, nämlich im inneren Winkel des Katheders, noch zwei Flaschen verborgen standen, da begegnete mir auf der Stiege ein Knabe von ungewöhnlicher Schönheit. Er mußte erst vor kurzem in die Anstalt eingetreten sein; ich entsann mich nicht, ihn vorher gesehen zu haben. Hugo meinte später, die Verzauberung sei größtenteils vom Kostüm ausgegangen, und vielleicht hatte er nicht ganz unrecht. Es ähnelte der Form nach dem meinigen, bestand aber fast ganz aus tiefschwarzem Samt, auch das Mützchen, das er über die lichtblonden Locken gestülpt hatte, war schwarz, und einige silberne Tressen, die daran glänzten, erhöhten noch die dunkle Vornehmheit. Zu unverhüllt war wohl meine Bewunderung, als daß er sie hätte übersehen können; mit einem grauen Mädchenblick lächelte er mich zweifelnd an, hob eine weiße Narrenpritsche, die zu seiner Tracht eigentlich nicht paßte, versetzte mir einen derben Schlag auf die Schulter und sprang lachend über die Stufen hinab. Es war die Maskenfreiheit jener Tage, die er damit in Anspruch nahm, nichts weiter; denn da gabs keinen Rangunterschied der Klassen, und begreiflicherweise machten die Kleinen von dem seltenen Recht, einen Größeren zu schlagen, den allerfröhlichsten Gebrauch. Mir aber war schon der Sinn verstellt; wie von scharfer Waffe getroffen, in unwillkürlicher Abwehr, griff ich an die Stelle meines goldenen Gürtelbandes, wohin der Degen gehört hätte, zugleich fühlte ich mich unerhört begünstigt und ausgezeichnet wie durch Ritterschlag.

Im Saale fand ich den Wunderbaren unter den Schülern der dritten Klasse wieder. Sie hatten ihre Stühle um den blauen Brunnen gestellt und unterhielten sich. Ein kleiner, des Zitherspiels Kundiger, in der Tracht des Loisachtales, schlug unermüdlich Walzer und Ländler; andere stampften, klatschten und pfiffen den Takt. Der Knabe hatte keinen Wein; ich bot ihm mein Glas, er dankte, nippte und wollte es zurückgeben; ich ließ es aber bei seinen Genossen in die Runde gehen und füllte es noch einmal. Ein wenig hatte ich die Helligkeit des großen Raumes gefürchtet, als könnte die Erscheinung hier weniger bedeuten als droben im Zwielicht, war aber schon aufs innigste beruhigt; denn wie von Tag zu Tag der Mond sich füllt, so wuchsen Reiz und Adel dieses Antlitzes mit den Sekunden. Sogar ein leiser Zug von Verschlagenheit, der unter den Augen nistete, vermehrte nur mein Entzücken. Ich durchforschte die Gesichter seiner Freunde nach Zeichen verwandter Ergriffenheit, bemerkte aber nichts; keinem galt er mehr als irgendein anderer, einer schien mir wie der andere seelenblind. Einsam, auf magischer Glücksleiter, sah ich mich nach oben steigen, und geistig aufgefaßt, rechtfertigte die Zukunft diesen Traum; denn wenn auch auf der Stelle, Schlag um Schlag, ein Ende hereinbrach, so konnte doch das Wichtige nicht mehr verloren gehen. Eines Augenblickes nur bedarf der Regenbogen, um sich aufzubauen, und jede Entscheidung der Seele geschieht in Sekunden. Geahnt für immer war die neue Gestalt, die eher vergehen würde als Züge der Furcht oder der Niedrigkeit annehmen; und was dann kam, Verkennung und Enttäuschung, Beschuldigung und heimliche Verweisung, dies alles änderte daran nichts mehr.

Kaindl, Schüler der Oberklasse, hochangesehener Leiter des Aufstandes, nahte als Ritter, ein schwarzes Band um den Helm geschlungen, finster, weinglühend, und tippte dem Schönen an den Arm:

»Wo bleibt mein lässiger Knappe?«

Unschlüssig, stark errötend, sah der Junge zu mir herüber, erhob sich aber und leistete dem Gewaltigen Folge, der mich im Weitergehen zugekniffenen Auges maß. Darin fand ich zunächst nichts Feindliches, dachte vielmehr, dies wäre der echte Ritterblick, so letz und fehdekündend, nicht unwürdig des Jünglings, den Eingeweihte als den Urheber der Catonischen Sentenz gegen das grüne Tischchen verehrten. Dennoch begann es mich zu nagen, daß ich seinetwegen verlassen war; und als die beiden später, vertraulich redend, sich zum Ausgang hinbewegten, da kam es mir vor, als lachten sie geringschätzig nach mir zurück. Dies konnte Täuschung sein; aber im Nu schwoll das Leiden zur Verzweiflung, hastig trank ich allen noch erreichbaren Wein zusammen und merkte soeben mit böser Genugtuung, daß mein Benehmen durchaus nicht mehr mit meinem edlen Kostüm in Einklang stand, als mir unvermutet Hugo begegnete, dem auch sein Turban schon recht schief auf dem Köpfchen saß. Meine bedeutsame Bekanntschaft vor ihm geheimzuhalten, war mir unmöglich, doch fand ich wenig Gehör. Ein hübscher Bub sei Trimming, auch sehr für Mathematik begabt, das leugne niemand, aber doch etwas backfischhaft, dabei, wie man höre, ein kleiner Ränkeschmied, keinesfalls ein Verkehr für mich, wenn er auch bei den obersten Klassen hoch in Gunst stehe, man könne sich wahrlich über Wichtigeres unterhalten.

Diese Ausfälle brachten mich um jede Mäßigung; mit Genuß warf ich dem Freund verletzende Worte hin und sprach ihm schließlich jede Fähigkeit ab, das herrlichste der Wesen zu beurteilen.

Die Art, wie Hugo sich nunmehr veränderte, hätte mich ernüchtern müssen; sein Atem ging noch schneller als gewöhnlich, die Röte der Wangen wich einem bläulichen Weiß, lange sah er mich schweigend an.

»Was wird Irma dazu sagen?« – Dies war alles, was er endlich hervorbrachte. Aber diese Berufung auf ein verblaßtes, halb erfundenes Idol war jetzt am wenigsten geeignet, mich zu beschwichtigen; ich konnte sie nicht ernst nehmen, und dennoch traf sie mich empfindlich, ja, viel würde ich gegeben haben, wenn er nur gerade dies nicht gesagt hätte. Zum ersten Male empfing ich den Vorwurf der Untreue, der für den Augenblick dem Leben allen Wert benimmt, und die Seelenöde, die nun entstand, übertäubte ich durch vermehrte Wut. Ich rief es laut hinaus, daß ich diese Irma doch niemals mit Augen gesehen habe, daß niemand wissen könne, ob sie wirklich auf der Welt sei, ob er sie nicht etwa nur erdichtet habe, um mich zu seinem Sklaven zu machen. Da wärs denn doch zuviel verlangt, immer nur sie allein anzubeten, gleichgültig, offengestanden, ja geradezu verhaßt sei sie mir ein für allemal. Über diesen schmählichen Abfall entsetzt, brach der Freund in Tränen aus, ein nie für möglich gehaltenes Ereignis, das nun auch mich völlig auflöste; fassungslos weinend, umarmten wir uns schließlich zur unendlichen Erheiterung großer wie kleiner Mitzöglinge, die nur Betrunkenheit und Posse zu sehen glaubten, während wir beide, durch allen Weintaumel hindurch, etwas traumhaft Unersetzliches verloren gehen fühlten, ohne es hindern zu können.

Des heulenden Elends endlich überdrüssig, verließ ich den Saal und ging in den um diese Zeit verbotenen Garten hinaus, den ein mondgrauer Nebel verhing. Groß im Dunst standen die eingebauten Turngeräte, und von den Kastanienbäumen, wie schlafende Fledermäuse herabgefaltet, hing da und dort noch das herbstliche Laub. In Hirn und Augenlidern brauste der Wein; bald vernahm ich Schritte, bald Stimmen, bald glaubte ich Trimming mit Kaindl zwischen den Stämmen schleichen zu sehen. Frierend in dem sommerleichten Maskenkleide, begann ich zu laufen und umkreiste das Feld, wo im Schnee der gelbe Schlüssel vergraben lag; ich fragte mich, wer ihn wohl im Frühjahr finden werde. Auf einmal spürte ich über dem Nebel die Sterne und kehrte, halb getröstet, in den Saal zurück, wo man sich schon zum Schlafengehen rüstete.

Am anderen Tage dämpften Unterricht und Hausordnung das Blut, und zwischen Hugo und mir war bald alles wieder wie sonst. Er war keiner, der böse Worte nachtrug, und wenn er mich nun auch murrend mit einem Eisklotz verglich, der voll Rührung zu Wasser zerfließe, nachdem er einem ein Loch in den Schädel geschlagen, was leider dem Schädel nichts helfe, so gab mir dies nur Gelegenheit, ihn wegen des feinen Vergleichs zu bewundern. Auch aus mir war aller Zorn verweht, die Liebe leider nicht mit ihm. Unaufhaltsam zur Wesensmitte strebt ja die Schönheit; sie ruht nicht, bis wir ganz von ihr durchdrungen sind.

Seltsam war Trimmings Verhalten; ich konnte mich nicht

lange darüber täuschen, daß er mir aus dem Wege ging. Bei Tische sah ich ihn von weitem in einem grauen Röckchen sitzen; aber diesen Alltagsanzug empfand ich als nicht ganz würdige Verkleidung, auch erschien mir das immer halbabgewendete Gesicht wie vertauscht, kaum erkennbar. Erst der Abend erneuerte die gültige Gestalt, mit ihr aber auch mein Unglück. Der Knabe lächelte mir wohl einmal verstohlen zu, hob auch dann und wann die weiße Narrenpritsche gegen mich, besann sich aber jedesmal und enthielt sich des Schlags. Dies war um so kränkender, als er an andere wahllos freigebig Hieb um Hieb austeilte, und doch hätte ich ihm danken sollen. Jener erste Schlag war heilige Verwundung gewesen, ein neues Organ der Seele war unter ihm aufgesprungen, – wie durfte ich wünschen, daß er sich sogleich wiederhole? Nach und nach stellte sich eine Art Gleichgewicht her, zumal der Weinbestand aufgebraucht war; ich bemühte mich nicht mehr so viel um Trimmings Nähe und hielt mich lieber zu Hugo, durchblätterte auch mitten im dazwischen schwirrenden Karneval wieder den geliebten poetischen Hausschatz, der fast jederzeit erreichbar war, da selten ein anderer Zögling auf ihn Anspruch machte. Dabei ging der Blick über die Strophen der toten Dichter hinaus immer wieder zum Tischchen der Vorgesetzten hin, wo, tief sich verschweigend, der lebendige saß, der erste, der mir begegnete. Heimlich forschte ich in seinem Gesicht nach Geniuszügen, und sooft er mich ansah, ordnete ich unwillkürlich mein Betragen. Er jedoch verstand sein Geheimnis zu wahren, indem er aufs täuschendste das Gebaren eines ganz gewöhnlichen jungen Mannes nachahmte. Mich beirrte das nicht, und wie mir einstmals der Zauberstab gerade durch sein simples Aussehen Vertrauen eingeflößt hatte, so war es auch jetzt vor allem die Unscheinbarkeit, die mich im Glauben bestärkte. Schließlich beschrieb ich selbst einen Zettel mit Versen »An Trimming«, die ich ihm gelegentlich zustecken wollte. Sie waren irgendeinem Dichter kindlich nachgetönt; ich aber hielt sie für unerhört großartig, und jedesmal, wenn ich mir die letzten Zeilen vorsagte: »Masken, Liebe, Wein! Unvergeßliches Beisammensein! Keine Kraft vergeht, kein Herzensklang zerbricht. Unser Bund besteht, ob du es willst oder nicht«, – weinte ich vor Bewunderung und Rührung. Schon aber legten sich die Geschicke zurecht, die jedem seinen Opfertag bereiteten.

Mitten in der Nacht erwachend, besann ich mich auf mein Gereime und suchte den Zettel, doch fand er sich in keiner meiner Taschen, und gleich war aller Schlaf dahin. Zum Suchen entschlossen, verließ ich das Bett. Werktagsanzug und Maskenkleid lagen auf dem Stuhl; ich wählte dieses. Etwas warnte mich, auch fiel mir ein, daß nächtliches Hausdurchwandeln bei strenger Strafe untersagt war; aber das aufgejagte Blut gehorchte weder innerem noch äußerem Verbot, und so glitt ich vollends in die Sphäre hinüber, wo wir dem Zufall ausgeliefert sind. Hinschleichend an der Bettenreihe blieb ich manchmal stehen, auf die vielen Atemzüge horchend; niemand wachte. Noch fesselte ein Wunderbares: man hatte vergessen, die Vorhänge zu schließen; die mondlichten Scheiben schimmerten von den herrlichsten Eispflanzen, und jedes Fenster hatte sich eigene Formen erfunden. Über so viel Glanz vergaß ich fast mein Vorhaben; aber von Fenster zu Fenster weiterbewundernd, geriet ich doch dem Ausgang zu. Vor Hugos Bett blieb ich stehen, als müßte mir ein Zuruf oder Zeichen von ihm kommen; aber er schlief, die Hände unter der Wange gefaltet, leisen schnellen Atems wie immer.

Das Zettelchen war an der Speisesaalschwelle bald entdeckt, und nun wollte ich gleich den Rückzug antreten, fand es aber in dem langen mondgestreiften Gange gar nicht kalt und setzte mich, nahe dem einzigen Gasflämmchen, auf ein Fensterbrett. Wedelnd und niesend kam Barry herbei; ihm fiel nicht ein, mich etwa bellend zu verraten, vielmehr bohrte er die Schnauze in meinen flachsroten Samt und legte sich dann gemütlich nieder, so daß mir sein Rücken als Teppich diente. Während ich mich so, mein Zettelchen in den Händen, einer wortlosen Gefühlswelt überließ, leuchteten im Augengrunde die bereiften Schlafsaalfenster nach. Der geistige Silberflor der Eisgewächse, herübergepflanzt in die Seele, zweigte nach allen Seiten weiter, und ich verstand auch, warum das eine Glas nur solche, das andere nur solche Formen ernährte. An Dickelhubers Fenster war es ein krauses Gewirr von flimmernden Moosen und Korallen gewesen, bei Hugo dagegen glänzten schräge Distelstauden, mit muschelhaften silbernen Wirbeln durchstreut. Es waren die Schlafenden selber, die mit ihrem Atem diese zarten Meisterwerke bestimmten, das wurde mir in jener stillen Minute so sehr begreiflch. Gern hätte ich nur gewußt, wie es im Schlafraum der kleinen Zöglinge aussah und was für Figuren wohl an Trimmings Fenster wüchsen. Jetzt aber erhob sich Barry mit gedämpftem Knurren und wie aus mir selbst hervorgetreten, stand unter dem Gasflämmchen der Herr Kandidat Buchkatz. Sein fast gezischter Anruf erschreckte mich ungeheuer, erreichte aber doch nicht ganz mein inneres Ohr; ja ich vergaß, was ich als mindestes dem Vorgesetzten schuldete, und ließ mich zum Aufstehen erst ermahnen. Dann freilich wünschte ich dies eilig gutzumachen und verlegte mich auf größte Artigkeit; zuvorkommend verriet ich sogar, daß ich etwas Wichtiges verloren, gesucht und, zum Glück, auch wieder gefunden habe.

»Was gesucht?« Der Kandidat sah bleich und erregt aus; ich vergegenwärtigte mir seinen geheimen Dämon, – ›auch ich bin ein Dichter und ein Verehrer von Ihnen‹, wollte ich sehr zart und taktvoll sagen; aber kein Ton drang aus der Kehle. Dafür erwachte unendliche Zuversicht, und als gäbe ich alles in seine Hand, Eisblumen und Mondlicht, Liebe und Kunst, einem begonnenen Bilde gleich, auf daß er es vollenden und mit einem goldenen Rahmen schmücken möge, so überreichte ich ihm schweigend, mit einer möglichst vielsagenden Gebärde den Zettel.

Er schraubte die Gasflamme höher und las: – »Es ist nicht anders«, murmelte er trübe vor sich hin. »Geh hinauf in den Schlafsaal und bete! Du hast es nötig. Und morgen erscheinst du zur Vernehmung!« Das letzte rief er so laut, daß Barry, der kluge Hund, dem der neue Mann noch nicht als vollwertiger Hausbewohner galt, ihn zürnend anbellte. Dieses Verhalten des braven Tiers und mehr noch ein gewisses leichtes Zurückweichen des Herrn Kandidaten vor ihm ergriffen mich plötzlich mit unabwendbarer Lachlust; fast regte sich ein Zweifel, ob dieser der Dichter sein könne, der feurig furchtlose, der alles zum Hohen wendet; aber das war nur eine schnöde Anwandlung, von der sich meine bessere Natur sogleich befreite. – »Er beißt nicht«, erlaubte ich mir noch zurückzurufen, und indem ich eine Verurteilung zu Karenz oder Silentium schon im voraus als gerecht anerkannte, mich aber zugleich erinnerte, daß im Jahre vorher der alte geistliche Gebieter eine allgemeine Faschingsamnestie hochherzig erlassen habe, kehrte ich langsam zurück in die kühle Behausung des Schlafs.

Das heimliche Gericht

SUCHE ICH MIR NACH SO VIELEN JAHREN DIE VERHÖRE AUFZULICHTEN, DENEN MICH DER KANDIDAT BUCHKATZ UNTERWARF, SO GREIFT MICH DAS TRAGISCHE AN, DAS IN ALLEN VERNEHMUNGEN KINDLICHER MENSCHEN UMGEHT. IN DER JUGEND IST JA MANCHES NOCH FLÜSSIG ODER GASförmig, was bereits nach fester Gestalt aussieht, und wer da sehr kräftig zupacken will, tappt oft ins Bewußtlose. Wäre der alte geistliche Meister noch im Amt gewesen, mein Prozeß hätte gewiß eine andere Wendung genommen oder wäre gar nicht entstanden. Dieser geschlossene Mensch, der durch sein bloßes Hinzutreten der alten Blumenmalerin einen so starken Beistand geleistet hatte, daß am Ende doch noch jene blaue Salpiglossis auf dem Papier erschien, er hätte auch die Stummheit von mir genommen, die mich so sehr benachteiligte; auch würde der Knabe Trimming die Beschuldigungen kaum erhoben haben, die er erst spät, im Angesichte des Todes, widerrief. Auf keinen Fall hätte der Priester die Untersuchung aus der Hand gegeben. Der neue Herr aber, große Veränderungen planend, hatte wenig Zeit und überantwortete mich dem Kandidaten. Dieser mußte sich von Anfang an eine recht unheimliche Vorstellung von mir gebildet haben und wünschte als neuer Besen aufs beste zu kehren. Umständlich ging er ans Werk, und so bedeutsam schien ihm der Fall, daß er an jenen Gerichtstagen, wie Hugo nachmals bemerkte, immer seinen Sonntagsanzug trug. Ich aber, verblendet, sah es als wahren Glücksfall an, daß mir ein näherer Verkehr in Aussicht stand mit diesem Mann, in welchem ich ein hochgeartetes Wesen vermutete, einen väterlich-dichterischen Geist, der eher Kreaturen aus dem Nichts hervorhauchen als eine von ihnen beschädigen würde. Ja grenzenlos war mein verehrendes Erwarten; immer wieder vergessend, in welcher Eigenschaft er mir doch gegenüberstand, bestärkte ich mich in der Hoffnung, es werde die Richtermaske plötzlich fallen, der Dichtersinn etwas

Verwandtes in mir wittern und mit großem Glanz das Außerordentliche hervorbrechen.

Der wirkliche Anlaß des Verhörs blieb mir damals ganz und gar verborgen. Zur gleichen Stunde wie ich, in einem nahen Seitengang, war nämlich auch Trimming, in seiner edlen Vermummung nachtwandelnd, angetroffen worden, und nun sollte herausgebracht werden, ob wir eine Zusammenkunft gehabt hätten. Eine solche würde ich mir sicherlich von Herzen gewünscht haben, und noch nach Monaten konnte es mich beunruhigen, daß ich der zauberischen Erscheinung so nahe gewesen war, ohne sie zu spüren. Was ich freilich noch weniger ahnte, war das nie ganz Erklärbare, daß der unglückliche Knabe, der unter noch viel dunkleren Aspekten stand als ich, eine solche Zusammenkunft nach einigem Leugnen zugegeben und auf dringliches Befragen immer sonderbarer ausgeschmückt hatte. Buchkatz bedurfte nur noch meines eigenen Geständnisses. Dieses aber strebte er nicht mit einfach klaren Fragen an; vielmehr schien er gewillt, sichs schwer zu machen, und verzichtete sogar auf die gute alte Gepflogenheit, beide Angeklagte einander gegenüberzustellen. Weitausholend begann er eine Art Einkreisung und sprach zunächst nur nebenbei von Trimming, wünschte jedoch plötzlich zu wissen, was ich nach dem Auffinden des verlorenen Zettels noch im Erdgeschoß zu suchen gehabt hätte. Diese Frage regte mich zu tiefen Überlegungen an: schlafende Zöglinge, Eisblumenschimmer, treuer gefälliger Hund im warmen Gang, – dies alles, beseelt von Sehnsucht, gab aus innen die holdesten Antworten; aber was ließ sich davon mitteilen? Den eifrigen Mann betrübte mein Schweigen; falls ich darin beharrte, so, meinte er, wäre dies höchst verdächtig, man sei besser über mich unterrichtet, als ich mir einbilde, und habe Grund, mich für einen schlimmen Verführer zu halten. Auf diese Wendung hin hätte es nichts geben dürfen als meinen empörtesten, schlagfertigsten Widerspruch; aber nichts lag mir ferner; vielmehr überließ ich mich den seltsamen Vorstellungen, die der Ausdruck ›Verführer‹

in mir hervorrief. War nämlich vor Jahren der Name ›Sünder‹ dem Kinde stets furchtbar und feierlich gewesen, so klang nun das Wort ›Verführer‹ aus Dichtermund so luziferisch grandios, als hörte ichs zum ersten Mal, ich sah meinen Sprachschatz um ein wahres Juwel bereichert und nahm es nicht ohne Genugtuung auf, daß man mir augenscheinlich sehr wunderbare Dinge zutraute. Buchkatz aber sah mich voll düsterer Spannung an; ein weißer Bogen lag vor ihm auf dem Pult, und über diesem vollführte er von Zeit zu Zeit, mit der Feder in der Hand, ungeduldige spiralige Bewegungen, aus denen ich erriet, daß er meine Äußerungen aufschreiben werde, und wenn ich dies auch großartig fand, so war es doch nicht geeignet, mich zum Sprechen zu bringen.

»Wie lange schon verkehrst du mit dem kleinen Grafen?« lautete die zweite, sanft gestellte Frage, und jetzt, mit einem Schlage, kam mir der hohe Stand des schönen Knaben zum entschiedenen Bewußtsein. Alle Rittertugenden, alles Vornehme, alle Herzensüberlegenheit adeliger Personen, wovon ich jemals in Geschichten und Sagen gelesen, sah ich auf das liebe blonde Haupt gesammelt; Ahnenreihen, tatenumklirrt, bis zu den Kreuzzügen hinauf, erglänzten, schaudernd begriff ich die furchtbare Echtheit jener dunkelschlichten, mit wenig Silber besetzten Edelknabentracht und schämte mich meines eigenen anspruchsvollen Kostüms, auf das ich kein Recht hatte.

Dabei war mir der sonst vorlaute Mund wie zugehext; ich konnte nichts tun als auf den Neugierigen hinstarren und hoffen, er werde sein Gefrage nun bald mit einem vortrefflichen Satz oder Vers, vielleicht auch mit Verkündigung der längst erwarteten Karenz beenden. Draußen lag Sonne über Sankt Jodok; mir fiel ein winziges Birkenbäumchen auf, das hoch im feuchten Turmgemäuer wurzelte, vom Wind gezerrt, nie vorher hatte ichs wahrgenommen, fast hielt ich mich für verpflichtet, Buchkatz darauf hinzuweisen; der aber schrieb lächelnd etwas auf den weißen Bogen, schon glaubte ich mich gerettet, merkte aber zugleich, daß dies kein offenes, mir günstiges Lächeln war, und erkannte nun die tiefe Gegnerschaft des Unbegreiflichen. Es konnte nur mein Schweigen sein, was er so wichtig nahm, daß er es da aufzeichnete; wie eine mir abgewonnene Summe wurde es gebucht auf dem schönen Papier, und ach, noch immer häufte es sich unaufhaltsam. Endlich, als gäbe ein ferner Freund für mich Notsignale, rief die Glocke zum Speisesaal, und leider ließ ich mir mein Vergnügen sehr deutlich anmerken und fragte freundlich, ob ich nun gehen dürfe; aber da schwand jegliches Wohlwollen aus seinem Antlitz: »Verwerflich genug, die Nachtruhe lasterhaft zu verschleudern; am verwerflichsten aber, keine Reue darüber zu zeigen.« So entließ er mich und bestimmte eine Abendstunde zu weiterem Verhör. Das Wort ›lasterhaft‹, auf einen andern angewandt, hätte vielleicht nicht aller sprachlichen Reize für mich entbehrt; auf mich selbst bezogen, überdies von einem Dichter, ging es mir durch Mark und Bein und lieferte mich sinnlosen Einbildungen aus. Indem ich summenden Kopfes zur Speisehalle hinabstieg, entsann ich mich einiger Sätze aus den ›Räubern‹, die sehr anschaulich die Wirkungen des Lasters beschrieben, kehrte noch einmal um und lief an mein Pültchen, um die fürchterliche Seite aufzuschlagen. Auch ein Spiegelchen zog ich zu Rat und forschte gewissenhaft nach gelbem bleifarbenem Augenring, nach gräßlich hervorgedrehten Knochen und zitterndem hinschwankendem Gerippe, kam aber zu keinem klaren Ergebnis und beschloß, Hugo zu fragen. Von einer anderen Prachtstelle abgelenkt, geriet ich übrigens ins Weiterlesen und ließ noch mehrere Szenen an mir vorübergehen, wodurch ich verspätet eintraf und mir ein Silentium zuzog. Als erfahrenen Internatsbewohner kränkte mich dies nicht zu sehr; denn wie wir ohne Mienenspiel zu murren wußten, so konnten wir uns auch mit fast geschlossenen Lippen ganz leidlich unterhalten, und wieder einmal erwies Hugo sich als wahrer Freund, indem er mich wegen meiner Lasterhaftigkeit beruhigte und erklärte, die Götter hätten ein ehernes Band um Buchkatzens Stirne geschmiedet. Dabei schlug er unter dem Tische mir gegenüber ein Buch auf, so daß ich gerade die Titelzeichnung zu sehen bekam, die den jungen Goethe darstellte, wie er ein Schattenbild weit von sich weghielt und mit großen Augen betrachtete:

»Den schau dir an, und wenn du nun den Buchkatz noch für einen Dichter hältst, so bist du ein hoffnungsloser Fall!«

»Aber seine Verse sollen doch in Zeitschriften gedruckt sein.«

»Verse zu Ehren längst anerkannter Heiliger«, höhnte Hugo bauchredend. »Reimgeklingel höchstens, blanke Streberei, nichts weiter!«

Sobald wir auf die Gesamtlage zu sprechen kamen, verdüsterte sich der Freund: »Nimm es nicht zu leicht! Etwas geht vor. Ich fürchte, du wirst auch noch für das grüne Tischchen büßen müssen.«

Ich spähte nach dem Knaben; sein Platz war leer. »Wo ist Trimming? Krank?«

»Es heißt so. Aber wer weiß, wozu man ihn mißbraucht. Laß dir nur keine Schlingen legen! Und jetzt sprich nicht mehr! Der Buchkater wendet kein Auge von uns.«

Die Zuversicht, welche mir Hugos Nähe gab, war nicht von Dauer; schon bei Beginn der zweiten Vernehmung fand ich alles verschlimmert. Man sah einen schwer Schuldigen in mir, darüber galt keine Täuschung mehr, und auf einmal konnte ich mich selbst nicht mehr für schuldlos halten. Daß es eine große Traurigkeit gibt, eine gegenstandslose, die öfters Menschen aus dem Leben treibt, dies wissen wir, – warum sollte es nicht auch ein immanentes Schuldgefühl geben? Vielleicht ist niemand frei davon; denn vermutlich haben wir alle zu jeglicher Sünde den Keim in uns, und bei mancher Seele bedarf es nicht viel, um die latente Empfindung akut zu machen.

Mein Richter gefiel sich in Andeutungen; keines bestimmten Vergehens bezichtigte er mich, doch zielten seine Reden mehr und mehr in eine Richtung, die ich wohl begriff. Sekundenlang war mir, als könnte ich ihn zu meinen Gunsten umstimmen, wenn eine gewisse Kraft in mir nur um ein weniges größer und gesammelter wäre; aber gerade daran fehlte es, ich wurde zerstreut und müde und glaubte schließlich in der Tat, jener wisse mehr von mir als ich selbst. Ich suchte mir strafbare Handlungen vorzustellen, die er zu meinen schien, und es dauerte nicht lange, so hielt ich mich deren, wo nicht für schuldig, so doch für fähig. Dazu kam, daß ich fast immer irgend etwas auf dem Kerbholz hatte; so lag die Sache mit dem weggeworfenen Schlüssel noch sehr nahe, und jedes Wort des Vorgesetzten traf ein noch unbeschwichtigtes Gewissen.

Auch sonst stand ich ihm jetzt anders gegenüber. Erloschen war mein Glaube an sein Dichtertum; ich sah kalt auf ihn wie einst auf meine Fledermaus, da sie mir, nach Abschneidung ihrer mystischen Flügel, zur gemeinen Maus geworden war. Er selbst aber tat leider gar nichts, um seine höhere Geltung wiederherzustellen. Unerfahren war er in gewissem Sinne, wenig kannte er das Leben, wußte nicht einmal, daß in der Jugend, und nicht nur in der Jugend, ein sehr seelenhafter Zustand vorkommt, wo uns ein geliebter Mensch durch sein bloßes Dasein verzaubert, wo wir gar nicht wünschen, daß er sogleich seine heilige Fremdheit verliere. Wer eine neue Einweihung seines Wesens erfährt, der denkt nicht sofort an Betastung und Kuß. Der Knabe schäumt über von jedem Trieb der Erde und ist doch Geist und Feuer. War er je vorher verschattet, konnte ihn der erwachende Erdgeist zu vorzeitigen Abgaben drängen, so bedeutet das nun nichts mehr als die paar leichten Blüten, die in dem gewaltigen Frühling verloren gehen. Frei ist er, seit ihn die Schönheit bewacht; aller trüb-schwere Stoff, der sonst die Werdensflamme zu ersticken drohte, wird brennbare Nahrung. Ja wer in solcher Eudämonie wahrhaft befangen ist, sträubt sich, ihr zu entsagen, und gewiß haben gerade die leidenschaftlichsten, liebefähigsten Menschen starke Scheu, ins grelle Reich der nahen Bekanntheit hinauszutreten, wo mit jeder Vereinung schon ewige Spaltung beginnt.

Meinem Befrager war dieser hellere Pol des Menschlichen damals nicht sichtbar; er starrte nur zum dunklen hin und zog auch mich ins Dunkel. Das ganze Leben ernüchterte sich nach und nach; auch Trimmings Erscheinung blieb nicht mehr die gleiche. Man hat uns bewiesen, daß die Struktur der Schneekristalle durchaus abhängt von der Wärme, der Stille, der elektrischen Spannung der Luft; ändert sich darin das mindeste, so gehen die zierlichen Sterne bald in andere Formen über oder zerbrechen. Und ein so feines, verletzliches Ding wie Maskenliebe, wie hätte es in der kaltgiftigen Untersuchungszimmerluft seinen ursprünglichen Glanz behalten können? Da half kein guter Wille, das zarte Leiden kümmerte dahin, es blieb nur die öde Bedrängnis des Augenblicks. Als Buchkatz, über der weißen Leere seines Papiers verzweifelnd, schließlich wie ein Gequälter aufschrie, dieses antwortlose Verhör sei unerträglich, seine Zeit gemessen, es werde mir den Kopf nicht kosten, er wolle auf Einzelheiten verzichten, aber ich solle doch in Gottes Namen zugeben, daß ich mich mit Trimming in der Nacht getroffen habe, da ging mir dieser Ton, der erste menschliche, den ich an dem ganzen Abend vernommen, gar sehr zu Herzen. Zwar wäre jetzt noch einmal Gelegenheit gewesen, die Wahrheit zu beteuern und ein klares, festes Nein zu sagen; aber schon war eine Auflösung im Gang, und unversehens erlag ich einem schrecklichen Rückfall ins Kindische. Ungehörig, ja unmenschlich kam es mir auf einmal vor, den schön gekleideten Mann, der sich so sehr um ein Geständnis von mir bemühte, immer wieder durch Verweigerung zu kränken, der Trieb, ihm ein unverhofftes Vergnügen zu machen, ward überwältigend, auch mochte ich wohl gern ein paar Tage fasten und schweigen, wenn ich dadurch von ferneren Quetschungen verschont blieb. Noch niemals hatte übrigens ein zu Karenz Verurteilter wirklich gehungert; im Gegenteil, Freund und Feind steckten einem solchen das Beste zu, und meistens trug man einen verdorbenen Magen davon. Eine Dohle saß am Jodoksturm; die behielt ich fest im Auge, die Sekunde ihres Abfliegens für mein Schuldbekenntnis wählend. Aber wie mir zu jener Zeit selten etwas recht glückte, so ging es auch mit meinem Geständnis nicht ganz nach Wunsch. Ich hatte es ablegen wollen in einem wilden, tragischen Ton, dem Buchkatz anhören sollte, daß es eigentlich falsch war; aber leider, im entscheidenden Augenblick, versagten die fast ausgetrockneten Stimmbänder, und es entstand ein heiseres, armesünderliches Gequiekse, das gewiß nicht günstig wirkte. Die Feder in der Hand, betrachtete mich der Kandidat mit gewichtigem Blick; er schien über neue Fragen zu sinnen, bedachte sich aber, brachte nach einigen runden Luftbewegungen etwas zu Papier und entließ mich schweigend, mit raschem Wink.

Es war spät geworden; der Lernsaal mit den vielen schwarzen Pultflächen lag schon in seinem dämmrigsten Licht. Bald mußten die anderen Zöglinge vom Spaziergang heimkehren; ich freute mich darauf. Pantoffelklappernd kam der Hausdiener und entzündete das Gasflämmchen über meinem Platz; mir war, als sähe er mich bekümmert an, stumm nickend ging er wieder. Später trugen zwei Mägde eine riesige Schwinge voll Kleinholz zum Ofen, und nun berührte es mich sonderbar, als ich aus Reisig und Hobelspänen ein paar lange grüne Splitter des zerhauenen Straftischchens hervorstehen sah. Hugos wunderliche Befürchtung, ich würde auch für dieses Möbel büßen müssen, fiel mir ein, und all dies fand ich halb traurig, halb erheiternd, allerlei Pläne zu neuen Unternehmungen gingen mir durch den Kopf, ich mußte laut hinauslachen, so daß eine der einheizenden Mägde sich erschrocken umdrehte und etwas Mißbilligendes murmelte. Gern hätte ich mit Hugo gesprochen; aber der war wegen einer Unpäßlichkeit ins Krankenzimmer überwiesen worden, das keinem Gesunden zugänglich war.

Auf einmal sagte ich mir, daß ich unverzüglich mein Geständnis widerrufen müsse, lief zum Untersuchungszimmer, klopfte, erhielt aber keine Antwort mehr und fand, als ich aufklinken wollte, die Tür verschlossen.

Abermals in den Studiersaal zurückgekehrt, sah ich Barry, lang ausgestreckt, beim knisternden Ofen liegen, und dieser Anblick war mehr, als ich gerade noch ertragen konnte; er schlief und schnarchte, der zwecklose Hund, während es mir doch wahrlich nicht zum besten ging; faul, teilnahmslos hielt er seinen Pelz in die Wärme des verbrennenden Tischchens.

Am Pulte lag der poetische Hausschatz, ein Schweinslederband, den ich nur mit beiden Händen halten konnte; den packte ich und schlug ihn dem trägen Wächter bald von links, bald von rechts an die Ohren, ließ es auch an tüchtigen Fußtritten nicht fehlen und hegte dunkel eine halbe Hoffnung, er werde mir nun gleich an die Gurgel springen, mich gefährlich verwunden und so eine bedeutende Änderung in mein Leben bringen. Aber mit feigen Klagelauten erhob sich das Tier, auf das ich einst so große Stücke gehalten, und verließ in schuldbewußter Haltung, die mich nur noch mehr erbitterte und zu kleinlicher Verfolgung reizte, den Raum.

So nahte die Nacht, die letzte, die das alte Haus mir gönnte; denn während ich ihr verstimmt entgegensah, war mein Name bereits aus der Liste der Schüler gestrichen und ein Eilbericht nach Kading unterwegs, doch erfuhr ich dies erst mehrere Wochen später, als Trimming schon gestorben und jenes übereilte Urteil, das mir, seltsamerweise, niemand von Angesicht zu Angesicht verkünden mochte, wieder aufgehoben war.

Wo aber ein ganz aussichtsloser Zustand eintritt, so daß das liebreich Deutende des Lebens in unsere Wachheit keinen Eingang mehr findet, da sucht es sich uns wenigstens im Traum zu nähern.

Es mußte schon auf den Morgen zugehen, da war mir, als turnte ich neben mehreren anderen an einem hohen Reck und übte mühelos unzählige Riesenschwünge, bis mir einfiel, daß ich nun schon jahrelang nicht mehr zum Verhör gegangen war. Gleich machte ich mich auf, um das Versäumte nachzuholen. Weder traurig noch froh durchmaß ich die schwach erhellten

Gänge, wo noch Silberflitterchen und rotes Band als Karnevalsgedächtnis in den Ecken lagen. Jemand huschte nach; ich wußte, daß es Trimming war, und hütete mich, nach ihm umzuschauen. Er überholte mich und verbarg seine Narrenpritsche vor mir, wollte aber doch zeigen, daß er sie habe. Ich fürchtete, es könnte etwas Unheimliches geschehen, ließ mir jedoch nichts anmerken, sondern drohte nur scherzhaft mit dem Finger und wollte ihn leicht am Ohrläppchen zupfen; aber da blieb mir das ganze Ohr in der Hand. Weinend lief er davon; ich wußte, daß er mich anzeigen werde, es war mir peinlich, aber nicht übermäßig, doch befiel mich Verspätungsangst, ich eilte, wie ich konnte, und wünschte dabei freilich auch, den Entlaufenen aufzufinden und ihm sein Ohr wieder anzusetzen, das ich gar zu gern los geworden wäre; denn ich mußte äußerst vorsichtig damit umgehen, durfte es nur mit zwei Fingern am Läppchen festhalten, wenn ich nicht ganz und gar schuldig werden wollte; aber da rannte ich durch ein offenes Tor gerade in den Gerichtsraum hinein. Hier saß meine Mutter an ihrem Arbeitstischchen, über den schwarz gekleideten Knaben gebeugt, und nähte ihm mit grauer Seide die Augen zu, über denen ein seliges Lächeln lag. Mir schien dies nebensächlich, ich suchte den Kandidaten; der aber war in Veränderungen begriffen; schon glich er sehr dem früheren priesterlichen Leiter der Anstalt, und auf einmal wars keiner von beiden mehr, sondern im Zimmer stand jener Goethe, den Hugo mir in seinem Buch gezeigt hatte. »Dies ist das unschuldige Ohr«, wollte ich zu ihm sagen, brachte aber keine Silbe heraus. – »Dein Gedicht?« fragte er und betrommelte mit ungeduldigen Fingern das Pult. Es donnerte drunten; ein Schnellzug fuhr mitten in die Jodokskirche hinein wie in eine Bahnhofshalle; ich begriff, daß Goethe nicht viel Zeit habe, daß er gleich einsteigen und weiterfahren müsse. Statt des Ohrs aber hatte er nun ein kreuz und quer bekritzeltes Blatt in der Hand. – »Wir wollen es durch den Stein Latauge betrachten«, sagte er, nahm eine Art Prisma und verfolgte durch dieses aufmerksam, Zeile um Zeile, die krause

Schrift. Und nun konnte ich sehen, wie da und dort aus dem groben grauen Papier etwas hervorwuchs, bald ein feines hellgrünes Blättchen, bald ein ganzes Zweiglein, an dem auf die natürlichste Weise winzige grüne Eicheln und rote Vogelbeeren hafteten. Kaum dachte ich ›Vogelbeeren‹, da stach schon silberweiß ein spitzes Flügelchen aus dem Papier, und lebhaft pickend zwängte sich ein ganzer kleiner Vogel nach. »Gut«, sagte Goethe, malte eine schöne große Note 2 an den Rand und blickte dann wieder auf das zierliche, kaum bienengroße Geschöpf, das eben zum Fenster hinausflog.

Dies ist das wenige mit den Sinnen Erfaßbare jener mir unvergeßlichen Träumerei, deren Wesenhaftes aber in etwas anderem bestand. So plastisch nämlich die Vorgänge sich auch abspielten, ich empfand sie doch nicht als Begebenheiten, vielmehr als ein herrliches, in kurzen Strophen leicht hinklingendes Gedicht, und so tief aus innen kamen Sinn und Melodie des Traumgetöns, daß ich, schon halb erwacht, es noch immer weiterempfing, bis der Wunsch, dies alles Hugo mitzuteilen, mich vollends weckte, da war es verweht, kein Vers, kein Klang mehr zu finden.

Der geistige Hauch des Ganzen aber blieb, und als mich nach dem Frühstück der Direktor berief, war ich gerade gestimmt, jedem seiner Worte die beste Deutung zu geben. Die Osterferien zwar, meinte er, begännen erst in etwa vierzehn Tagen, man habe sich jedoch überzeugt, daß körperlich wie seelisch manches bei mir nicht in Ordnung sei, mein Vater, der Arzt, sei mir fürs nächste vielleicht notwendiger als die Schule, ich solle nur auf der Stelle einpacken und mit dem Vormittagszug nach Kading fahren, meine Eltern erwarteten mich.

Daß der Herr Direktor eine so angenehme Aussicht mit ernstem, halb abgewandtem Gesicht eröffnete, mir auch kein Abschiednehmen von Hugo gestattete, hätte mich ein wenig wundern sollen; aber wie höchst ehrenhaft war es doch, gewissermaßen als Patient aufs Land geschickt zu werden! Ich bedankte mich sehr und versuchte sogleich, im großen Korridor auf Evas

Art ein Rad zu schlagen, was bisher nie hatte glücken wollen, jetzt aber fehlerfrei gelang. Meinen weniger begünstigten Mitschülern die köstliche Neuigkeit vorzuenthalten, fühlte ich mich nicht berechtigt und lief, bevor ich im Schränkchen 15 meine Sachen zusammensuchte, noch einmal in den Lernsaal hinauf; aber da war schon tiefe Stille, die rote Morgensonne lag auf leeren Pulten, und eben verkündeten alle Türme der Stadt mit acht schauerlichen Schlägen den Beginn des Unterrichts.

Heilungen

Die Begrüssung in Kading verlief kaum anders als irgendeine frühere, doch schienen weder Vater noch Mutter mein Vergnügen über die vorzeitigen Ferien so recht zu teilen. Die kleine Schwester sprang heran, betrachtete mich mit grossen Augen sehr neugierig und, wie mir vorkam, etwas ängstlich, dann lief sie, ohne ein Wort zu sagen, wieder davon. Im gelblichen Wohnzimmerlicht war mir, als läge über der Mutter ein ferner Schatten von Niedergeschlagenheit, und gleich fühlte ich mich selber davon gestreift. Ja, gerade der zarte Schimmer von Beständigkeit über Wänden und Möbeln wirkte auf einmal schmerzhaft. In diesen Räumen atmete noch die kindliche Wahrheit, hier war ewige Wohnung der Seele, von hier betrachtet wurde jede außerhalb verbrachte Stunde zur Versäumnis.

Vor einem alten Landschaftsgemälde blieb ich schließlich stehen, ein halbes Erkennen regte sich, daß gute Bilder keineswegs die Wand verdecken, sondern eher wie Fenster sind, durch welche wir in ein freieres Leben schauen, und diese kleine Entdeckung war tröstlich.

Die fremden Beschuldigungen, die mir ja nie ganz nah gekommen waren, schienen in der Heimat alle Bedeutung zu verlieren, auch empfing mein Gefühl für Trimming seine ganze Rechtmäßigkeit zurück, war aber leider im Schwinden. Unternehmungslust und gute Laune wuchsen wieder, und bald war mir das einzige Störende nur noch die Traurigkeit der Mutter, die sich neuerdings unsäglich mit Gebeten und Entsagungen plagte. Diesem Zustand ein Ende zu machen, fühlte ich mich durchaus berufen; ich weihte die tief Gedrückte in die frohe Lehre meiner Dichter ein und suchte ihr nachzuweisen, daß alles, worum sie sich sorgte und grämte, mit dem wahren Leben, das eine durchaus große hochfestliche Angelegenheit sei, ganz und gar nichts zu tun habe. Anfangs nickte sie wohlwollend bei dieser Belehrung, verlor aber plötzlich die Geduld und erklärte voll Zorn, es könne nichts Göttlicheres geben als die Freude, wenn sie unwiderstehlich aus dem Herzen hervorbreche, Freude als Programm dagegen sei Narretei und Frevel, und gerade jetzt hätte ich wenig Anlaß, dergleichen zu predigen; doch schien sie diese Wendung sogleich zu bereuen. Überhaupt erhielt ich zu jener Zeit fast nie ein scharfes Wort, und von allem Guten wurde mir zugeteilt. Auch ließ man mich nicht viel über Büchern sitzen, sondern hielt mich zu Spaziergängen an. Mir fiel nur auf, daß dann und wann ein Gespräch sogleich abriß, wenn ich das Zimmer betrat, und auch sonst geschah manches Wunderliche.

Als ich einmal allein am Fenster saß, öffnete sich sehr leis die Türe hinter mir; vorsichtig, die Oberlippe mit der Zunge festhaltend, kam die kleine Schwester hereingeschlichen; die blauen Augen strahlend vor Mitteilungsdrang, bog sie mir den Kopf herab und lispelte ins Ohr:

»Ich weiß etwas.«

»Was weißt du denn?«

»Aber du sagst es weiter.«

»Nein.«

»Doch, du sagst es.«

»Nein.«

»Leg drei Finger aufs Herz und schwör!«

Ich leistete die geforderte Zeremonie, und nun war sie sichtlich froh, ihr Geheimnis los zu werden:

»Du bist wahrscheinlich unschuldig. Aber wehe, wenn du's weitererzählst!«

»Wieso bin ich unschuldig?« wollte ich noch fragen, obgleich ich den Zusammenhang im Nu begriff; aber schon war sie fort wie der Wind. Ich erwartete Vernehmungen, die jedoch ausblieben, und bald vergaß ich die Sache wieder.

Durchaus unverändert zeigte sich der Vater; nur wünschte er mich mehr als früher in seiner Nähe zu haben, was mir in meiner Ahnungslosigkeit nicht wenig schmeichelte. Als Kind hatte ich ihn ja eher gemieden. Schon der scharfe Drogen- und Essenzengeruch, den er verbreitete, konnte mir ihn verleiden; jetzt aber ging ich diesem Anhauch gereinigter Kräfte witternd nach, schien er doch dem höchst verdichteten Wesen des Mannes selber zu entströmen, dieses sonderbaren, der immer auf Heilungen sann. Ihm nämlich war das Wirken des Arztes der Inbegriff des reinen Tuns, das wir im größten Sinne nur Künstlern, Dichtern und Naturdämonen zuerkennen. Was immer sonst Menschen schwächt oder fälscht, vermied er, gab sich auch nicht mit Worten aus, sondern hielt schweigsam seine Energieen zum Handeln bereit. Körperlich zart und reizbar, vertrug er weder Bier noch Wein und gewährte nie den behaglich zerstreuten Anblick des Rauchers; er möchte nicht wissen, meinte er einmal, was die Ilias für ein Aussehen hätte, wenn sie von einem Nikotin saugenden, ewig auf Aschenbecher und Zündhölzer angewiesenen Homer geschrieben wäre. Dagegen rühmte er als geistschärfend das Tee- und Kaffeegift, und den Schnupftabak hielt er für ein unschuldiges Mittel, um gute Gedanken zu wecken. Seine Unterhaltungsbücherei war klein. Was er immer wieder hervorholte, waren Gullivers Reisen, der Robinson, die Abenteuer des Freiherrn von Münchhausen, die Briefe Friedrichs des Großen und vor allem Bismarcks Reden. Diese trug er in blauen Leinenbändchen immer bei sich; meist steckten sie sogar in den olivgrünen Plüschtaschen, mit welchen die Seitenwände der Doktorkutsche innen ausgestattet waren, und heute noch verraten Schnupftabaksansammlungen zwischen gewissen Seiten die Lieblingskraftstellen des lange verstorbenen Lesers.

Als ich schon älter war, fiel mir auf, daß es eigentlich kein Leiden gab, das er von vornherein als unheilbar anerkannte. Ja, er machte sich gelegentlich blind und behandelte Fälle, deren traurige Prognose jeder Laie zu stellen fähig war, getrost wie heilbare. Diesen frommen Starrsinn finden wir nicht selten bei solchen Ärzten, die weniger nach dem Buch als aus ihrem eigenen Wesen heraus zu heilen suchen, und in der Tat ist es manchmal so, als ob gewisse Mittel unter ihren Händen erst wahrhaft wirksam würden.

In jenen Ferien machte er mich nach und nach mit einem Verfahren bekannt, das er seit mehreren Jahren erfolgreich gegen Lungenleiden anwandte und immer wieder zu prüfen, zu bessern und in Geltung zu bringen suchte. Bei den sogenannten Entzündungen der Lunge und des Rippenfells hatte er dann und wann das Pilokarpin verordnet, einen ziemlich aktiven Stoff, der in den Blättern einer südamerikanischen Rautenart entsteht und, chemisch an Säuren gebunden, als weißes kristallinisches Pulver in den Apotheken bereit liegt. Die Ärzte kennen das Mittel seit langem und bedienen sich in vielen Fällen seiner mächtig schweißtreibenden Kraft; auch der Vater war zunächst nur auf diese Wirkung ausgegangen. Die Dosis, die man dazu braucht, ist hoch, so hoch, daß zuweilen lästige Nebensymptome auftreten, und weil dem sehr feinfühligen Mann das Gewaltsame überhaupt widerstrebte, so hatte er sich meistens ein wenig unterhalb der erlaubten Gabe gehalten, war aber dabei auf eine neue Spur gekommen. Obgleich nämlich in solchen mild behandelten Fällen die Schweißabsonderung mäßig war oder gar ausblieb, so verlief dennoch die Krankheit nicht minder günstig, und als er die Menge noch weiter herabsetzte oder in winzige Teilchen verzettelte, glaubte er nie so glatte Genesungen beobachtet zu haben. Der dumpfe Ton, den die befallenen Lungengebiete unter dem abklopfenden Finger des Arztes geben, er war fast immer schon am zweiten Tage aufgehellt, Schlaf und Atmung beruhigt, Hunger stellte sich ein. Solchen Zeichen durfte der Aufmerkende entnehmen, daß die Heilwirkung nicht mit der schweißtreibenden zusammenfiel. Eine unbekannte Kraft schien ihm hereinzuspielen, die den Kreislauf des Blutes zwischen Herz und Lungen unmittelbar entlastete.

Viel Mühe gab sich der sonst Schweigsame mit immer neuen Umschreibungen und Gleichnissen, damit ich verstünde, was im Körper vorgehen mußte, bis ein so schönes Ergebnis zustande kam. Leider begriff ich zunächst soviel wie nichts; erst nach und nach entstand eine gewisse Vorstellung, ich meinte zu ahnen, wie jenes Pilokarpin, ätherisch gelöst, in die Organe drang und schnell die Stellen fand, die seiner bedurften. Das unbegreiflich feine Bläschen- und Röhrchengewebe der Lungen, das noch eben entzündlich geschwollene, ganz luftlos gewordene, es brauchte von dem köstlichen Stoff nur angerührt zu werden, da spürte es schon seine sanft ausgleichende Gewalt und wurde wieder durchlässiger und leichter, die schale, blutverdunkelnde Kohlensäure konnte wieder entweichen, der Sauerstoff, der erquickende, blutrötende, hereinströmen. So wurde von Gabe zu Gabe das verklebte verfilzte Gefieder der Lungenfittiche gelokkert, getrocknet, gelüftet; frei hoben und senkten sie sich aufs neue dem Leben zu, unbehindert schlug das Herz und teilte dem gesamten Menschen sein Entzücken mit.

Eines Tages ließ mich der Vater durch das Mikroskop sehen; er hatte Tuberkelbazillen eingestellt und wünschte, daß ich sie wahrnähme. Lange war mein Suchen vergeblich; endlich konnte ich froh berichten, daß auf lichtem Grund viele bläuliche Körnchen lägen, wurde aber vermahnt, noch schärfer zu spähen, bis ich zwischen diesen blauen Zellen haarfeine rote Strichelchen unterschiede. Dies fiel mir weit schwerer als vor Jahren das Entdecken der grünen Räupchen auf unsern Rosenstöcken, um so größer aber war hernach die Finderfreude. Und so grüßte ich denn mit Ehrfurcht und Grauen die fuchsinrot gefärbten Feinde des Menschengeschlechts, dessen siebenter Teil ihnen bisher, nach des Vaters Mitteilung, zum Opfer gefallen war; und wie wir mit heimlichem Bedauern, als gingen Stücke von uns selbst verloren, vom Aussterben des Tigers oder der Kobra hören, vernahm ich, daß es nun mit ihrer Macht zu Ende gehe. Für den Vater, der still im runden Raum seines Gedankens lebte, gab es nämlich daran keinen Zweifel, und allzu voll von diesen Dingen war sein Herz, als daß er mir seine Begründungen hätte vorenthalten können. Dabei setzte er ein Auffassungsvermögen voraus, von dem ich leider sehr fern war. Daß die feinen Strichelchen in der Lunge kleine Knoten bilden, die das umgebende Gewebe in einen ähnlich gestörten Zustand versetzen wie jene vorher besprochenen Entzündungen, dies verdeutlichte er mir so schön, daß ichs wohl verstehen konnte, und nun wäre es ihm sehr lieb gewesen, wenn ich selbst Folgerungen daraus gezogen und als einzig rechtes Heilmittel auch für dieses Übel das Pilokarpin erraten hätte.

»Was könnte helfen?« fragte er einmal. »Viele wollen Gegengifte in das Blut einführen, um die Bazillen und ihr Gift abzuschwächen. Dies hat etwas Bestechendes, nicht wahr?«

Ich stimmte eifrig zu, zu seinem Verdruß; er hatte sich meinen Widerspruch erhofft.

»Früher, ja, hab auch ich an solch eine Lösung geglaubt, bin aber für immer davon abgekommen. Gib einmal acht! Du weißt, was ein Moor ist, weißt von Königsdorf her, daß es darin von Kreuzottern wimmelt. Alle diese Vipern, wie wären sie auszurotten? Etwa dadurch, daß ich den ganzen großen Sumpf mit Gift überschütte? Du nickst, meinst, das müßte nicht schlecht sein? O Simplizitas! Freilich würden die Nattern sterben, mit ihnen aber auch der Boden selbst mit seinem Pflanzenwuchs, mit allen den roten und blauen Blumen, die dich immer so gefreut haben. Und Sumpf bliebe Sumpf, ja wenn sich das Gift zersetzt hätte, wären bald auch die Schlangen wieder da. Nein, es gäbe denn doch einen anderen Weg, einen wahrhaft vortrefflichen, – kommst du gar nicht darauf?«

Ratlos blickte ich bald auf ihn, bald zu Boden und schließlich in das Mikroskop, als steckte die Antwort darin. »Trocken legen könnte man das Moor – meinst du nicht? Dann bekämen wir statt seiner nach und nach ein schönes grünes Wiesenland, und die Kreuzottern verlören sich von selber.«

Dies gefiel mir; mit Überzeugung durfte ich Beifall spenden.

»Und wenn es nun gelänge, die verdichtete, undurchlässige, die gleichsam versumpfte Lunge auch trocken zu legen, so daß sie wieder als ein lebendiger Schwamm die Luft einsaugen könnte, die frische, blutklärende, – meinst du, jenen gefährlichen Eindringlichen wäre dabei wohl?« – »O nein! Diesen ginge es wie den Kreuzottern!« – »Siehst du?« Sein Gesicht glänzte vor Genugtuung über mein bißchen Verständnis. »Verschwinden müssen sie! Die Knötchen finden keinen Unterhalt mehr, sie verschrumpfen zu Narben. So hab ich mir längst gesagt und auch den Leuten mit angegriffener Lunge getrost mein Pilokarpin verordnet. Zu nicht geringem Vorteil, wie du wohl einmal erfahren wirst.«

Er öffnete eine Glasröhre, die mit weißen dünnen Plättchen wie mit Münzen gefüllt war.

»Hier ist es enthalten, in diesen Pastillen. Jede hat nur den tausendsten Teil eines Gramms. Der Kranke nimmt vier oder sechs am Tage, das ist genug. Nicht immer ist sogleich die Wendung zum Besseren sichtbar. Manche Fälle brauchen Zeit, und das ist recht. Von allzu augenfälligen Wirkungen halte ich nichts. Einschleichen muß sich die Heilung, so wie das Übel sich eingeschlichen hat.«

Er legte mir einige der weißen Scheibchen in die hohle Hand; sie glichen manchen anderen Tabletten, die ich kannte, und hatten doch etwas Eigenes; schimmernde Verkörperungen einer vom Vater selbst ausgehenden Kraft waren sie mir in jenem Augenblick. Gleich regte sich auch Sehnsucht nach ihrem Besitz; wenigstens die paar in meine Hand gelegten hätte ich gern behalten, ohne daß ich mir eine Verwendung vorstellen konnte, wagte aber die Bitte nicht und ließ die Plättchen wieder in ihr Glas zurückgleiten.

Was die Kadinger Jahre dem Vater an Erkenntnis eingetragen, war gebucht und zum Teil in Fachzeitschriften bekanntgemacht worden; vor kurzem aber hatte er Gedrucktes und mehr noch Ungedrucktes in eine Abhandlung zusammengezogen, die nun der Veröffentlichung harrte. Er nahm das Konzept aus dem Schreibtisch und wollte es aufschlagen, als er von einem Besucher hinausgeklingelt wurde. »Sieh zu, was du enträtseln kannst!« sagte er unter der Tür.

Die Blätter lagen ungeheftet in einem blauen Aktendeckel, beiderseits beschrieben, manches nur stenographiert, viele Sätze von Streichungen unterbrochen, doch war das Ganze weniger schwierig, als es aussah, und abgesehen von etlichen Fremdwörtern, konnte ich alles entziffern, spürte nur vorerst nicht viel Eifer dazu. Dem Vater hatte ich ja mit Vergnügen zugehört; aber nun sollte ich buchstabierend ganze Seiten von Krankheiten lesen, an denen ich doch schließlich gar nicht litt, ein tiefer Widerwille stieg auf, ich sehnte mich nach den rhythmischen Schwüngen der Dichter und beschloß, der Sache aus dem Wege zu gehen, indem ich die Handschrift als unleserlich erklärte, geriet jedoch zu einer Stelle, die mich überraschend festhielt. Der Autor erklärte nämlich, daß er sich keineswegs nur an die Kranken, sondern an die ganze Menschheit zu wenden gedenke, in der gewiß nur sehr wenige Individuen mit völlig ungestörtem Lungenkreislauf zu finden sein würden. Hier läge der Grund, warum so viele das ihnen zugedachte Alter nicht erreichten und die Leistungen, zu denen sie veranlagt wären, schuldig bleiben müßten. Eine unendliche Summe von Kraft und Lebenslust würde frei werden, wenn es gelänge, diese zahllosen Stauungen aufzuheben, die uns allen das Dasein ärger verkümmerten als irgendein feindlicher Keim. Zur Sprache gebracht waren diese Gedanken in einem hohen, sicheren, überzeugenden Ton, der mich nicht losließ; und als mir später gar noch der Name Schiller begegnete, als ich vernahm, es wäre möglich gewesen, durch eine früh begonnene Kur die Erdenzeit dieses Genius um zehn oder fünfzehn Jahre zu verlängern, da brannte mir das Herz, und ich gelobte, zu Ende zu lesen.

»Fünf Seiten hab ich schon herausgebracht«, frohlockte ich dem Rückkehrenden entgegen; der aber ging schweigend zwischen Tür und Schreibtisch hin und her.

»Warum hast du dich in Landshut schuldig bekannt?« hörte

ich ihn endlich sagen, und keine Frage konnte mir unerwarteter kommen, doch muß ich innerlich auf sie vorbereitet gewesen sein; denn ich brauchte mich um die Antwort nicht zu bücken:

»Ich war ganz dumm und müde von der ewigen Verhörerei. Ich wollte einfach vor Herrn Buchkatz Ruhe haben.«

»Müde?« Er trat näher, sah mir ins Gesicht und zog mir mit einem Finger das untere Augenlid abwärts. »Etwas blaß, nun ja; ich werde dir Eisen geben, vielleicht auch Pilokarpin. Wer, außer dem Herrn Kandidaten, hat dich übrigens noch vernommen?«

»Niemand.«

»Dein Herr Ordinarius?«

»Nein.«

»Bist du nachts mit Trimming beisammen gewesen?«

»Nein.«

»Er behauptet es aber.«

»Dann muß ihm geträumt haben.«

»Und nun sag es mir: fühlst du dich schuldig?«

Bei dieser Frage bewährte sich zum ersten Mal das heimatlich gesicherte Gewissen; ich verneinte sie mit Überzeugung und bediente mich dabei einer gräßlichen Schwurformel, die unter den Zöglingen unbedingte Geltung hatte, da sie nämlich auf Anrufung eines Gottesgerichts hinauslief und dem höchsten Wesen erlaubte, einen mausetot umfallen zu lassen, wofern man die Unwahrheit spräche.

»Ich berichte dies ans Rektorat«, erklärte der Vater und blickte durchs Fenster in den hinwegdämmernden Tag, indessen ich weiteren Vorhaltungen entgegensah, die aber ausblieben.

»Etwas mehr Eisen in Blut und Gehirn, ja das wäre dir vonnöten gewesen bei Herrn Buchkatz«, dies war alles, was er zu der Sache noch äußerte. Hierauf nahm er wieder das Konzept vom Tisch, betrachtete es ein Weilchen und fragte schließlich, ob ich mir wohl zutrauen würde, während einiger Wochen aus diesem Geschluder eine deutliche schöne Reinschrift herzustellen. Dies durfte ich nach der ersten Leseprobe getrost bejahen, und so wurde noch am Abend Kanzleipapier beschafft; schon der nächste Morgen sah mich am Werk.

Eine glückliche Zeit begann; der neue Zweck war mir genug für mein Leben, keine Vergangenheit ängstigte mehr, sogar auf meine Dichter vergaß ich. Denn sie, die feurigen Vorzeichen der Zukunft geben der Jugend wohl eine Richtung, und alle großen Wiederherstellungen stehen unter ihrem Schutz, doch fehlt uns viel, wenn wir nicht auch von Zeit zu Zeit einen einfachen irdischen Auftrag empfangen, der uns eine Straße unter die Füße schiebt. Etwas Wundersames geschieht sodann mit der werdenden Natur; sie ähnelt einem jungen Stern, der aus anfänglicher übergroßer Dunstgestalt langsam in seine kleinere, aber festere Dauerform übergeht und seine Wärme dabei aufs höchste steigert, bevor die endliche Abkühlung erfolgt. Ein Glühender aber kann nicht anders als ernst sein, und je länger ich schrieb, um so mehr verwandelte ich mich in den Verfasser, so wie früher wohl in einen König oder Zauberer. Dazwischen freilich spukte noch manche kindliche Anwandlung. Die medizinischen Vorurteile des Zeitalters herzlich mitverachtend, hielt ich mich im stillen bald für fähig, an Kranken die größten Wunder zu tun, und beschloß, nach vollendeter Abschrift einige Röhrchen der kostbaren Tabletten als Honorar vom Vater zu erbitten. Ja, in träumerischen Pausen dachte ich mich nach Landshut zurück, suchte mir Lehrer und Schüler als Erkrankte vorzustellen, die schmerzlich meiner nie versagenden Hilfe harrten, und wünschte insbesondere dem Herrn Kandidaten Buchkatz eine gediegene, von allen Ärzten aufgegebene Schwindsucht an den Hals, um, nach einigem Zaudern, den einsichtslosen Mann durch prompte Heilung zu beschämen. Doch zogen solche Gedankenspiele nur wölkchenhaft über meinem Fleiße hin; zu ernsthaft war der Text, zu heikel manchmal das Entziffern, als daß viel Abschweifung möglich gewesen wäre. Was etwa sonst in Haus und Welt geschah, berührte mich nicht. Regen und Schnee durchwetterten die Woche vor Ostern; aber was galt mir das? Die Seele wuchs in ihrer eigenen Jahreszeit, und jede Witterung tat ihr gut. Oft zwang mich die Mutter, den Schreibtisch zu verlassen und wenigstens in den Garten hinabzugehen, wo schon die Rosen abgedeckt wurden und Stefanie, die kleine Schwester, manchen leichten Dienst versah, der vormals der meinige gewesen war. In Art und Einteilung des Ganzen fand ich hier allerlei verändert. Unbekannte wintergrüne Gewächse hatten sich erhoben, und in der einstigen Sonnenblumenecke leuchteten zwischen Schneeglöckchen und Aurikeln die niegesehenen tiefblauen Sterne der Meerzwiebel, teils mit geraden, teils mit eingebogenen Strahlenspitzen. So merkte ich nun erst mit Verwunderung, daß dieses geliebte Heiligtum auch ohne mich gedieh, das Gefühl ewiger Versäumnis wollte wiederkehren, und da blieb kein Ausweg als in die Strenge der Arbeit.

Endlich war Karsamstagabend geworden; der Vater entließ den letzten Kranken aus dem Sprechzimmer, und schon hatte mir das Schwesterchen die ersten ziegelroten und leberblümchenblauen Eier hereingezeigt, die draußen in der Küche gefärbt wurden; vor mir aber lag in etwa neunzig Blättern die fertige Schrift. Eben fing ich an, sie nach Fehlern abzusuchen, als im Flur die Klingel ging und gleich darauf die Stimme des Briefträgers vernehmbar wurde. ›Eingeschriebener Eilbrief‹, hörte ich sagen und ›gute Feiertage‹, dann war es wieder still, und ich las weiter, den Augenblick ersehnend, wo ich die fertige Arbeit überreichen durfte.

Da ging die Türe auf; sehr bleich kam die Mutter herein, lachte und weinte und riß mich mit einer noch nie gezeigten Heftigkeit an sich:

»O nun wird alles, alles gut. Sie müssen dich behalten, so wie du nun einmal bist, es hilft ihnen nichts. Wir haben geschwiegen; aber jetzt erfahr es nur: fortgejagt mit Schimpf und Schande warst du wie ein Angesteckter; Trimming, das unbegreifliche Kind, hat gegen dich ausgesagt.«

»Wer weiß, was dieser Buchkatz in den armen Jungen hineinverhört hat«, sagte ruhig der Vater, der nun hereintrat, ein entfaltetes Schreiben in der Hand.

»Wäre er nicht am Scharlach erkrankt, hätte er nicht schon den Tod an der Kehle gespürt, es wäre nie herausgekommen«, schluchzte die Mutter. »Erst als er merkte, daß es hinüberging, rief er selbst nach dem geistlichen Rat Walter, um ihm zu beichten. Er hat dich beschuldigt, um einen anderen zu entlasten, du sollst es ihm verzeihen. Gleich darauf nahm er den Leib des Herrn und starb in Frieden.«

»Jugend hat ihre Anwandlungen«, unterbrach der Vater. »Aber die Frühverwirrbaren werden manchmal später die Klarsten. Dieser kleine Trimming, – warum hat man mich nicht an sein Krankenbett gerufen? Ihr wißt ja nicht, was Pilokarpin vermag und wieviel auch bei Scharlach darauf ankommt, daß der Kreislauf zwischen Herz und Lungen freigehalten werde ...«

Der leidenschaftliche Ton der Mutter mochte bewirkt haben, daß ich meiner eigenen Bewegung kaum inne wurde. Aber sie, die stärkst Erschütterte, war es doch auch, von der uns allen sogleich die Beschwichtigung kam. Ihr lag so viel an der Meinung der Menschen; das leiseste Gefühl fremder Feindschaft konnte sie betrüben. Höher aber als die Zuneigung der meisten Lebenden bewertete sie die der Toten; mit ihnen gut zu stehen, schien ihr von jeher jedes Opfer wert. So war denn auch die Vorstellung, es könnte der schöne Knabe etwas wie Kränkung in den Himmel mit hinübernehmen, ihrem zarten Herzen unerträglich; noch zitternd im Triumph, bereute sie ihn schon und strebte, den Abgeschiedenen zu begütigen, ihn womöglich als Schutzgeist für unsere kleine Gemeinschaft zu gewinnen. Ihr erstes Denken war dabei der Garten; unter seinem glühendsten Sommerflor hätte sie gewiß am liebsten die ferne Leiche bestattet; aber noch war April, und nun sollte wenigstens alles, was da Frühes grünte und blühte, Schneeglöckchen, Aurikeln und blaue Szillablüten samt Buchs und Efeu, gesammelt, zum Kranz gebunden und in das gräfliche Erbbegräbnis gesandt, die Seele aber für alle Zeit in unsere täglichen Gebete aufgenommen werden.

Mittlerweile stand ich zwischen den Eltern, den Kopf noch voll ärztlicher Sätze, und mühte mich um Besinnung. Der Spruch, der mich vom Chor der Schüler ausschloß, war mir geheimgehalten worden; so konnte mir der Widerruf auch nicht allzu nahegehen. Aber Trimming, was war von ihm zu halten? Entweder hatte er sich, dumpf und beugbar wie ich selber, einfach in Müdigkeit hinunterreden lassen, oder er war ein heimlich tief Gebundener und sein Handeln höchst verwegen und bewußt. Ich dachte mir das klare adelige Antlitz, das nun todvollendete, zurück und spürte zugleich die Gefahr ewiger Entstellung, die ihm drohte; aber schon traten die Kräfte der Seele zusammen und retteten das einzige Bild. Mir fiel jetzt auch die mathematische Begabung des Knaben bedeutsam ein; sie schloß in meinen Augen jede Dumpfheit aus, und mit einem Schlage schien alles erkennbar. Kaindl, Trimmings gewaltiger Freund, Genius des Aufruhrs und Vernichter des grünen Strafgeräts, war im Schülerstaat einer der wichtigsten Bürger; der Zweck, ihn zu erhalten, heiligte jegliches Mittel, und so war ich geopfert worden für ihn, – wie eine glatt aufgehende Gleichung sah ich das ein und gab, antiker Beispiele gedenkend, nachträglich meine Billigung. Gemischt hatte sich freilich nun alles anders: den großen Kaindl traf das mir vermeinte Schicksal, Trimming war tot, ›seinen Sternen erlegen‹, wie Hugo gesagt haben würde; wo ich selber stand, wußte ich nicht. Auf dem Tische lag noch immer die beendete Handschrift, wie Kork zwischen lauter Versinkenden schwimmend; raschen Entschlusses ging ich hin und reichte sie dem Vater. Der sah verwundert auf, lächelte, blätterte darin und gab mir schließlich einen leichten Schlag auf die Schulter, – dies war immer das Äußerste gewesen, was er an Zärtlichkeit zu vergeben hatte. Ich aber sah die Minute gekommen, die vielleicht nie wiederkehrende, da es ihm tief widerstreben mußte, mir irgend etwas abzuschlagen, und gleich bat ich um sechs oder sieben Röhrchen mit jenen köstlichen Pastillen, fand auch wirklich nur geringen Widerstand:

»So viele du willst, – aber wozu?«

Ich redete dieses und jenes von leidenden Mitschülern, denen ich damit einen Dienst erweisen könnte, und halb und halb schien er einverstanden:

»Pilokarpin verlangt Vorsicht; es ist kein gleichgültiger Stoff. Nur in kleinsten Dosen heilt es, in großen schwächt es das Herz, besonders bei Kindern.«

Damit verließ er die Stube, um das Mittel zu holen. Daß er ein wenig übertrieb, der Vorsichtige, wenn er mir nun seine Tablettchen als giftig verdächtigte, dies erfuhr ich erst nach Jahren, als ich mich selbst in die Arzneikunde einweihen ließ. Zunächst vernahm ich gläubig die unheimliche Warnung, und sie erhöhte nur mein Verlangen und Vertrauen. Das ewig Ungefährliche, was konnte es nützen? Beglückt sah ich mir ganze sieben Röhrchen eingehändigt, was nur einige Störung durch die kleine Schwester hervorrief. Auch sie wollte nun Pilokarpin-Pastillchen haben und klagte und raste wie eine Enterbte untröstlich, ward aber mit einigen Glasröhrchen voll eilig hergeschaffter Pfefferminzplättchen zur Zufriedenheit abgefunden.

Wie sich die große Schenkung verwerten ließe, dies machte mir wenig Sorgen. Vorderhand spürte ich keine Lust, sie mit irgend jemand zu teilen. Die Rettung von wer weiß wie vielen Menschen mit zwei Händen zu umschließen, war ein gar zu herrliches Gefühl, das man sich gern für immer bewahrt hätte. Zuweilen auch vergaß ich den spezifischen, auf ein bestimmtes Organ gerichteten Zweck des Mittels und schrieb ihm, den Vater überbietend, ungeheure allgemeine Wirkungen zu. Es wurde mir zum heilendsten der irdischen Atome, von allen ersehnt, jedem Übel gewachsen; ein Leben voll Zuversicht begann. Ja, Genesungen durchschwebten jetzt alle Stunden, und wer dabei nicht am wenigsten gewann, war die Mutter. Seit Monaten hatte sie keinen Schmuck angelegt; endlich tat sie es wieder, und wenn ich nun vorsichtig die Lehre von der Festlichkeit und Köstlichkeit des Daseins zu erneuern wagte, so sprach sie nicht mehr dagegen, sondern lächelte wehmütig Beifall. Das Osterfest wurde feierlich begangen, kein Brauch versäumt. Nachdem wir früh im reifbestreuten Garten die Blumen für den Totenkranz gesammelt hatten, brachte ich das Mahl zur Segnung in die Kirche, und ehe wir uns zu Tische setzten, besuchten wir alle den Stall. Dort standen die zwei starken braunen Pferde, die täglich den Vater zu seinen Kranken trugen; das Schwesterchen reichte ihnen geweihtes Brot, und behutsam nahmen sie die riesigen Stücke aus der kindlichen Hand.

Verschwiegenheit

Hugo riet in einem Briefe, nicht mehr in das Internat zurückzukehren, und meine Eltern fanden dies vernünftig. Er aber, als gäbe es keine natürlichere Sache, zog sogleich seine Folgerungen. Bittend und begründend setzte er seinem Vater so lange zu, bis auch ihm das Wohnen außerhalb der Anstalt genehmigt wurde. Eine ältere, sehr sorgliche, nur etwas nervenschwache Witwe überließ ihm eine hübsche Stube; ich aber wurde dem jungen Professor Hilgärtner zugewiesen, der seit einigen Jahren am Gymnasium alte Sprachen lehrte.

Im Hause dieses Klugen und Braven erfuhr ich, wieviel ein freundlich geordneter argloser Tag dem Leben bedeutet. Alles früher Gewohnte war anders gewesen. Das Elternhaus, wie es auch sei, bleibt unersetzbar ehrwürdig; man beurteilt es nicht. In meinem Falle aber war es immerhin das Haus eines Arztes, Tag um Tag von fremden Leiden durchschattet, überdies ein Haus ohne Musik, welche die mütterlichen Melancholieen und den reizbaren Ernst des niemals Urlaub nehmenden Vaters hätte auflösen können. Die kleine Schwester jedoch, ein heiteres Wesen, war viel jünger als ich; ihr galt ich noch immer als der Gast, mit welchem sie sich jedesmal erst neu anfreunden mußte. Außerdem kannte ich nur die Anstalt, die uns klösterlich dem Einfluß der Frauen entzog und einen Sinn für männliche Gemeinschaft weckte; sie hatte ihre Wirkungen an mir getan, und ich glaubte sie nun entbehren zu können.

Der Professor war in seiner Knabenzeit oft krank gewesen; man hatte ihm sogar ein Bein abgenommen. Mit schwerer, knirschender Maschine schleppte er sich zweimal täglich den Schulweg hin und her; aber sein frohes Herz, antikisch gezüchtet, siegte zeitlebens über den Unglimpf der Natur, und keiner seiner wohlgegliederten Kollegen tat es ihm an Witz und guter Laune gleich. Seiner Gattin entsinne ich mich als einer immer beschäftigten, immer leicht beunruhigten Frau; ihr fromm verschlossenes Gesicht hatte das Allzublühende, das ein mangelhafter Verschluß gewisser Herzklappen hervorruft. Kinder gab es nicht; nur Line war noch zugegen, die stets dunkel gekleidete Magd, die auf geheimnisvolle Weise in das Haus gekommen war und gern bis in die Nacht hinein arbeitete, wenn ihr nur gestattet blieb, allmorgendlich in den Martinsdom zu gehen, der ihr höhere Himmelsfreuden verbürgte als das weniger berühmte Sankt Jodok.

Im Laufe jenes ersten Sommers gesellte sich zu mir und Hugo als dritter Genosse noch Walter, ein sehr stiller verläßlicher Junge von wunderbarem Gleichmut. Er besaß ein Klavier, das er meisterhaft beherrschte, und wurde uns bald unentbehrlich durch sein Spiel, zu dem er uns an freien Nachmittagen einlud. Für Hugo war dies nichts Neues; ihn hinderte nur sein Leiden, selbst zu musizieren; ja, wie der wahre Mathematiker das All in Zahlen umsetzt, so war es ihm nicht unmöglich, für eine Stunde das ganze Sein in Töne aufzulösen, Welt-Ohr zu werden.

Mir aber war ein einziges Mal, in bedrohter Lebenszeit, Geschautes ganz und gar zu Klang geworden, und da nur im Traum; dem Wachenden geschah es nicht. Zu zäh in mir verfestigt war noch mein Erfahrenes, als daß es zu Musik verschweben konnte. Dennoch ging etwas Außerordentliches in mir vor, wenn der neue Gefährte etwa das Largo von Händel spielte. Zunächst, aufschnellenden Fischchen gleich, fielen mir immer plötzlich all die guten Antworten ein, die ich kurz vorher auf irgendwelche Fragen hätte geben sollen und nicht gefunden hatte. Dann aber näherten sich mir langsam die Menschen, die ich kannte, einer um den andern, und ich sah sie alle so, wie ich als Kind Verstorbene gesehen hatte; ein Licht wie vom Jüngsten Tage lang auf ihnen, und alle, sogar die einander feindlichen, befanden sich in einem sonderbaren Einverständnis, ohne es zu wissen. Die Worte der Dichter aber, die aus der Vergangenheit überliefert sind, sie tönten auf einmal machtvoll aus der Zukunft her.

Das erste Mal war diese verklärende Gewalt neuer Klänge so groß, daß ich sie nicht lange aushielt, sondern Haus und Stadt verließ, bis ich mich endlich in der Landschaft wiederfand; aber auch diese sprach nun geisterhafter zu den Sinnen.

Eine Höhe im Südosten heißt Moniberg; dort, am Waldrand, folgte ich Erdbeeren sammelnden Kindern, und als ich später, nicht weit von ihnen, bei einer grasenden Rinderherde rastete, wurde es mir doch recht spürbar, daß Zeit und gute Geister wirklich viel für mich taten. Mir kam Eva in den Sinn; aus ihrer freien edlen Art heraus hatte sie sich früh gewünscht, ein weißes Pferd zu sein, und diesem stolzen Tier hielt sie die Treue. Wie schön war das, und wie dumpf, wie eingehüllt mußte mir dagegen mein erster Knabenstand vorkommen! Viel zu hoch über mir hatte ich damals das Pferd gefühlt, fast so hoch wie den Vogel; als Pferd wäre ich aus trüber Trauer mit einem Satz in klaren Tag emporgesprengt. Schon damals hatte ich mir zugetraut, dies einst zu können, es aber gar nicht ernsthaft gewollt. Eher, wenn ich nach empfangenen Rügen und Strafen, unmutig und benommen, bei Stier und Kühen im Grase lag, hatte ich mir gewünscht, in eines dieser schwergängigen, verschwiegenen Geschöpfe verwandelt zu werden und das Menschliche zu vergessen. Und nun rastete ich wieder bei der Herde, doch anders. Zwar ferne noch von dem verstehenden Erbarmen, das manchen älteren oder zerbrochenen Menschen beim Anblick der Kreatur ergreift, aber fast schon imstande, ihre Schönheit zu gewahren, und so sind nicht umsonst Musik und hohe Dichtungen durch die Seele gegangen. Im Blut ist Unruhe des Lebens, doch darüber versucht sich ein Schauen; die helle Wolke, die den Nachmittag erfüllt, Hüter und Hund, Erdbeerenreife glühend in gläsernem Krug und weiße Sternblumen im Schattensaum der Wälder, – dies alles wird nun den Augen ein himmelstilles Bild, und zum ersten Male bemühen sie sich, die grasrupfenden Rinder so zu sehen im Gemüte, wie vielleicht Homer sie geschaut hat. Es ist nur ein flüchtiges Bestreben und kann nicht gelingen; aber darüber tröstet sich der

Einsame, wenigstens ahnungsweise durchläuft er doch eine uralte Erdenzeit, wo Tier und Mensch einander als göttlich erkannten.

In der Schule kam ich, durch den Professor gespornt, zur Genüge vorwärts, und gefährlich wurde mir nur die allzuschonende Behandlung, die man dem Zurückgekehrten erwies. Das hohe Kollegium der Lehrer, verlockt von der Aussicht, einen lästigen, vorlauten Schüler los zu werden, hatte übereilig seine Entlassung verfügt, diese aber widerrufen müssen und nun ein wenig seine Sicherheit ihm gegenüber verloren. Ich wurde vorsichtiger angefaßt als eine Nessel, an der man sich schon einmal die Finger versengt hat. Vor allem gönnte mir der geistliche Rat Walter, der Beichtiger Trimmings, maßloses Wohlwollen, das ich leider nicht immer dankbar entgegenzunehmen vermochte; denn es legte mir Verpflichtungen auf. Dieser Gutgesinnte wohnte mir auf dem Jodoksplatz gerade gegenüber und konnte, besonders im laublosen Winter, mein Ausundeingehen sowie mein Fenster stets im Auge haben, was mir öfters peinlich, einmal aber geradezu quälend wurde.

Ich war abends in das Lesen des ›Ivanhoe‹ hineingeraten, mußte jedoch nach der Hausordnung um zehn Uhr mein Lämpchen ausdrehen und schlief auch ein, fand mich aber vom Geiste des Buchs bereits um die vierte Stunde wieder aufgeweckt, machte Licht und las im Bett, bis Line mich zum Frühstück mahnte. So trieb ichs eine Woche lang und glaubte mich unbemerkt. Als ich aber einmal beim Religionsunterricht etliche Fragen leidlich beantwortet hatte, rief mich der Geistliche an das Katheder zu großer Belobung, stellte mich den anderen als Muster vor und riet mir, mich nur weiterhin so zu bemühen, fuhr aber dann zu meinem Entsetzen fort:

»Ja, junger Freund, erfreulich hast du dich verändert; ich selber, gern gesteh ichs ein, habe Grund, dir zu danken. Oft ist es mich hart angekommen, zur Winterszeit aus der Bettwärme heraus an die Arbeit zu gehen; jetzt aber erbaut mich täglich von

Herzen dein erleuchtetes Fenster. Der junge Mensch da drüben, sag ich mir, sitzt auch schon in aller Frühe fleißig bei seinen Aufgaben, – soll ich Alter mich von ihm beschämen lassen? Und siehst du, da wird mir das Aufstehen leicht, und noch einmal so gerne tret ich an mein Pult.«

Leider bewirkte diese unangebrachte Lobpreisung, daß ich allen Geschmack an meiner Morgenwache verlor, zumal mir auch gerade kein sonderliches Buch mehr zur Hand war. Konnt ich es aber dem trefflichen Lehrer antun und künftig mein Fensterchen unerhellt lassen? Daß die frühen Stunden in der Tat zum Studium verwendbar wären, verkannte ich nicht, und als ich am nächsten Tag zur schon gewohnten Zeit erwachte, stand ich auch auf, machte Licht und legte mir die griechische Grammatik zurecht, ward aber von gähnender Müdigkeit ins Bett zurückgetrieben und schlief im hellen Zimmer noch zwei gute Stunden. Schon wunderte sich die Frau Professor, daß beinah täglich mein Lämpchen der Füllung bedurfte, und bald blieb mir nichts übrig, als mein Taschengeld zur Ölergänzung heranzuziehen, wenn ich dem Herrn geistlichen Rat seine gute Meinung und seinen Arbeitsmut bewahren wollte, während ich selbst, im Schatten eines aufgestellten Reißbretts, einen bekömmlichen Nachschlummer genoß, bis endlich die früh aufgehende Sonne mein Lampenlicht ablöste.

Zeitig und glanzvoll kam der Frühling in jenem Jahr, und die ländliche Stadt, mit vielen Gärten blühend, wurde uns nun erst heimatlich; auch von Kading her zeigten sich Aussichten. Ein Onkel der Mutter, unverheirateter Landwirt, war gestorben und hatte ihr sein kleines Gut am Donau-Ufer hinterlassen. Was ihn bewog, mehrere näher Verwandte zu übergehen, war ungewöhnlich genug. Eine Eiche stand auf einem seiner Felder an der Landstraße, eine der schönst gewachsenen, die es heute noch in deutschen Landen gibt, und nichts liebte der alte Hagestolz mehr als diesen Baum, von dem die ganze Gegend sprach. Reiche Holzhändler hatten es längst auf ihn abgesehen; dies wußte der

Besitzer, und der Gedanke, daß ein Erbe ihn dereinst veräußern, daß fremde Knechte die Axt an ihn legen könnten, war der Kummer seines Alters. Der bäuerlichen Sippe schien er einen solchen Handel wohl zuzutrauen, und so gab er dieser zwar sein Geld, nicht aber das Anwesen, zu dem die Eiche gehörte. Dieses wandte er letztwillig der Mutter zu, deren Gesinnung er kannte, und beruhigt starb er in der Überzeugung, daß weder von ihr noch von ihren Kindern dem heiligen Baum ein Leid geschehen werde.

In jenes alte geräumige Bauernhaus dereinst überzusiedeln, wurde nach und nach ein stiller Vorsatz der Eltern, obgleich es der Vater noch gar nicht besichtigt hatte. Seine Kranken ließen ihm keine Zeit; er verschob die kleine Reise bis zum August, und ich sollte ihn dabei begleiten. Bis dahin war noch weit, und vorerst machte Hugo wie mir die neue Freiheit nicht wenig zu schaffen. Sie verführte uns zu manchen gewagten Unternehmungen, deren eine mir noch nach Jahren ein Echo weckte.

Es war im Juni, ein rasches Gewitter hatte viele Blüten abgestreift; vermischt mit Maikäferflügeln bedeckten sie den Kies der Anlagen, und spiegelnd glänzte das abgebrauste Laub. Der Sonntagnachmittag dehnte sich dem Abend zu; wir hatten gelernt und gelesen und langweilten uns, da sagte Hugo unvermittelt: »Schön wäre es freilich, wenn man eine Freundin hätte ... Es müßte ja nicht geradezu ein Liebesverhältnis sein«, ergänzte er, etwas beängstigt von meiner allzu heftigen Zustimmung, »aber da und dort gäbe es gewiß ein Frauenzimmer, das heilfroh wäre, solch einen Freund zu haben wie dich oder mich.« Mir kamen sofort Erleuchtungen:

»Weißt du was? Tappen wir nicht lange herum! Wenden wir uns blindlings an das Unbekannte!«

»Ans Unbekannte?«

»Ja, ans Unbekannte! Darin walten die Götter, das wirst du hoffentlich wissen. Jeder schreibt einen Brief, kurz, würdig, lapidar, und bietet der Empfängerin seine Freundschaft an.«

»Der Empfängerin? Wer soll das sein?«

»Die vom Schicksal Bestimmte! Wir gehen über den Hofberg und überreichen die Briefe den ersten zwei einzelnen Damen, die uns begegnen.«

Hugo zeigte sich über diese Anregung nicht sonderlich verwundert; er meinte, dergleichen sähe mir so recht ähnlich, erhob auch grundsätzlich keinen Einwand, gab mir aber doch einiges zu bedenken:

»Was tun wir, wenn eine Steinalte daher kommt?«

»In Teufels Namen, dann ist eben die das Schicksal! Sie wird eine schöne Tochter haben, was wetten wir?«

»Eine Tochter?« Der Freund erschrak. »Man muß da vorsichtig sein. Sowie sich Mütter einmischen, ist alles nicht mehr harmlos. Ehe du's merkst, bist du verlobt und hast Aussicht auf eine Stube voller Kinder; dann aber, Brüderchen, ist es vorbei mit allem Hohen und Großen auf Erden. Mindestens müßte man in den Briefen eine Klausel anbringen.«

Er hatte noch manche Zweifel; ich wußte aber alle zu zerstreuen, und schließlich einigten wir uns, indem ich mich verpflichtete, als erster mein Schreiben abzugeben. Um Zeit zu gewinnen, hielt ich es fürs beste, die beiden Briefe im gleichen Text zu halten. Dies geschah mit großer Ausgelassenheit, und es kam uns zugute, daß ich mir im stillen, zum Spaß, Episteln dieser Art schon öfters ausgedacht hatte. So flossen mühelos die schönen leidenschaftlichen Anreden auf das Papier, die ganz allgemein gehalten waren, sich aber doch an eine bestimmte Person zu richten schienen. Kaum waren mit des Professors grünem Lack die Umschläge versiegelt, da nahmen wir schon unsere Hüte und gingen, anfangs noch voll Übermut, bis wir das Hofgartentor erreichten, da erlahmte das Gespräch, und mir war, als ob mein Herz ein wenig aus dem Takt geriete; ja beim Anblick einiger ehrbar heranspazierender Familien begriff ich auf einmal die Seele des Täters, der den Bombenabwurf geschworen hat.

Schon tief in den Lorettoweg hineingelangt, standen wir beide plötzlich still. Noch in ansehnlicher Entfernung kam eine schlanke Dame in Gelb und Schwarz, von einem gewaltigen Hund begleitet, gelassenen Ganges, eine Reitgerte schwingend, auf uns zu.

»Das geht nicht«, rief Hugo mit entstelltem Gesicht. Auch ich erkannte die Wandlerin. Es war die bleiche Lola, eine berühmte Persönlichkeit, einzige Tochter eines vorzeitig entlassenen Beamten, als Erzieherin in Frankreich gewesen, vielbesprochen als unberechenbarer weiblicher Sonderling, verwegene Reiterin und eigenartige Schönheit. Vor kurzem war überall von ihr geredet worden; ich entsann mich gerade nicht, weshalb.

»Wer konnte daran denken?« sagte der Freund. »Kehren wir um, es ist eine Unglücksstunde!«

»Kannst du das wissen? Heute rätst du ab, und morgen verachtest du mich.«

»Verachten? Nein. Es gibt Gebiete, die nur der Wahnsinn betritt! Und überhaupt: wie kann man ohne Vorbereitung in solch ein Abenteuer gehen? Es ist Hybris. Ja, glaube mir: in allen Jahrhunderten hat es Menschen gegeben, gescheite, herzhafte, die so große Dinge nicht unternommen hätten, ohne sich vorher um den Planetenstand zu kümmern, – es greift alles ineinander im Kosmos, du wirst es erfahren!«

Da ich nicht sogleich antwortete, kniff er kurzsichtig die Augen zu:

»Wirklich hat sie wieder den verfluchten Hund bei sich und die Peitsche in der Hand.«

Mit gemachtem Schauder brachte er dies hervor, und das reizte mich.

»Die Reitpeitsche«, sagte ich, »bedeutet gar nichts; sie trägt sie längst nur noch aus Gewohnheit wie der geistliche Rat seinen Regenschirm.«

»Glaubst du? Aber daß sie einmal vorne in der Altstadt einen Offizier damit ins Gesicht geschlagen hat und daß der arme Mensch sich deswegen erschießen mußte, das weiß doch alle Welt, nicht wahr?«

Wenn mich irgend etwas endgültig überzeugen konnte, daß es hier in Wahrheit kein Zurück mehr gebe, so war es dieser allzu gerade Hinweis auf die nahe Gefahr einer Züchtigung. Zwar wünschte ich noch, dem Unternehmen seinen scherzhaften Charakter zu bewahren; aber kaum gelang es mehr: ich sah die Peitsche gegen mich gezückt, und im Gefühl der möglichen Demütigung strafften sich alle Muskeln vor Wut. Eine Verrückung des Blicks trat ein; ich sah in der Kommenden die listige Feindin, die mir Wehrlosem auflauerte, und schwor mir, nicht das mindeste hinzunehmen, bei der ersten verdächtigen Geste der Frechen die Gerte zu entreißen und Hund und Herrin in die Flucht zu schlagen. Der innere Tumult wurde so groß, daß keine eigenen Worte mehr entstanden; ich mußte, während ich vorauseilte, Verse großer Dichter zu Hilfe nehmen, um dem Freunde zu antworten:

»Den mach ich zum Gespenst, der mich zurückhält –
Mein Leben acht ich keine Nadel wert,
Und meiner Seele, kann es der was tun,
Die ein unsterblich Ding ist wie es selbst –.«

»Aber weißt du denn, wie man eine Dame anspricht?« rief mir Hugo fast weinend nach, – »gnädigstes Fräulein, mußt du sagen, es ist das erste Mal in meinem Leben – und, hörst du, zerknittere schnell noch ein wenig den Brief, sag, du trügest ihn schon eine Woche lang für sie in der Tasche –«

Wie die Szene nun verlief, ist mir nicht mehr im einzelnen gegenwärtig, doch sei das Wichtigste vorausbekannt, es war das Unerwartetste, was geschehen konnte: ich fühlte mich nämlich von der berühmten Erscheinung nicht angezogen. Bewußt wurde mir dies freilich erst, als ich schon den Hut abgenommen und, zur Seite tretend, mit einer tiefen Verneigung den Brief wie eine Bittschrift überreicht hatte. Welches Wesen ich auch in die Fernherwandelnde hineingelegt haben mochte, die Nähe war mir jedenfalls eher befremdend als anmutend. Kleid und Hut hatten das entschiedene Gelb des Goldregens, der eben überall blühte, mit eingewebten schwarzen Samtstreifen, das Gesicht aber eine, wenn man so sagen darf, übertriebene Richtigkeit, und jene afrikanischen Farben waren gerade dazu angetan, Blässe der Haut und Schwärze der Augen ins Krasse zu heben. Auch war ein starker Duft um sie, und dieser erinnerte mich unlieblich an ein gewisses Pulver im Kadinger Arzneischrank, ein fast niemals gebrauchtes, in totenkopfbezeichnetem Gläschen verwahrtes, das, wie der Vater gelegentlich erwähnte, aus zerstoßenen Insekten bestand.

Sie wehrte dem Hund, der mich knurrend beschnüffelte, und nahm, ohne sich zu zieren, mein Schreiben entgegen. Man konnte wohl merken, daß es ihr nichts Ungeheuerliches bedeutete, auf offenem Wege einen Brief zu erhalten, doch verriet ein leichtes Lächeln auch, daß sie nicht gerne einen Spaß verdarb. Zugleich gab sie zu verstehen, daß sie es eilig habe, indem sie mit zusammengezogener Stirne zum wieder bedeckten Himmel aufsah, der schon zu tröpfeln begann. Die Hundeleine noch kürzer nehmend, fragte sie, ob ich selber den Brief geschrieben hätte und was ungefähr darin stünde. Ich brachte es gerade noch über mich, zu bekennen, daß ich ihr darin meine Freundschaft anbieten wolle; dies klang aber schon etwas unsicher, doch schien sie nicht ungehalten. – »Freundschaft – ei, ei, – eine große Sache, das will ich doch lesen«, sagte sie so übermäßig anerkennend, wie man zu Kindern redet, und ging bereits weiter, mit einem kühlen, doch nicht ganz verheißungslosen Blick.

Den Hut in der Hand, blieb ich stehen und wandte mich der wespenfarbigen Erscheinung nach. Dabei fiel mein Blick zwischen den Bäumen des Parks in einen fernen Garten hinein, dessen Mitte aus einem riesigen Rondell rotblühender Blumen bestand; es mögen Pfingstrosen gewesen sein. Da der Garten dicht am Schulwege lag, so mußte ich schon in den Tagen vorher daran vorbeigegangen sein und hatte gewiß das Beet auch gesehen, aber wohl nur mit dem äußeren Auge; die Seele hatte da wahrscheinlich noch kein Rot gebraucht. Jetzt aber drang es wie ein innerlichst Erwartetes herein und leuchtete. Daß es nicht gerade ganz mein Rot war, zu dunkel, zu nahe dem Blau, dies zu entdecken, blieb für später vorbehalten; in jenem Augenblick aber ersetzte es den lichtesten Rubin. Es war wie ein außerhalb des Lebens brennendes Feuer, in dem das Ungemäße sich verzehrte, und nun durfte alles, alles neu beginnen. Regen strömte; mir fiel ein, daß ich als Kind einmal, beim Beschauen roter Blumen, gefürchtet hatte, es könnte die schöne Farbe im Regen ausgehen und nur ein trübes Blaß zurückbleiben, und wieder, wie damals, freute ich mich der beharrenden Leuchtkraft, welche mir nun vom Dasein wahrhaft verwandter weiblicher Figur zu zeugen schien, als auf einmal der fast vergessene Freund, von einem Seitenwege taktvoll zurückkehrend, mich düster ansprach:

»Hat sie dich abblitzen lassen, die Furie?«

Und so war ich denn in Eile genötigt, meine Alltagsschlagfertigkeit zusammenzuraffen:

»Abblitzen? Durchaus nicht! Sie ist ein prächtiges Weib, du mußt sie kennen lernen. Ihre Anschauungen über Freundschaft, sag ich dir, sind großartig, tief durchdacht, ich unterschreibe sie Wort für Wort.«

»Und die hat sie dir in den wenigen Sekunden auseinandergesetzt? Heraus mit der Sprache, sublimer Schwindler!«

»Nun, sie hat meinen Brief doch genommen.«

»Das hab ich gesehen; aber warum sagst du es mit so verlegenem Gesicht?«

Es war schwierig, darauf zu antworten. Die Seele weidete noch in jenem jubelnden Rot und wollte von Gelb und Schwarz nichts wissen. Aber Hugo blieb hartnäckig:

»Glaubst du vielleicht, du wirst nicht glücklich mit ihr?«

Wie dankbar war ich für dieses einfache Wort! Ich verzichtete auf weitere Verbrämungen und entschloß mich zur Offenheit:

»Sie ist herrlich, gewaltig, ein großer Dämon. Trotzdem, ich wäre lieber einer anderen begegnet. Weder glücklich noch unglücklich wird sie mich machen können, fürchte ich.«

»Ein eigentümlicher Fall; aber ich beginne ihn zu verstehen«, sagte Hugo wie ein Arzt.

Eine schmächtige kleine Frau mit Kapotthut, Brille und schwarzem Mantillchen ging, schmerzlich leise mit sich selber sprechend, vorüber, und jetzt wäre eigentlich der Freund an der Reihe gewesen, sein Briefchen abzugeben; der aber tat keineswegs dergleichen, immer mehr in einen lebhaften Vortrag hineingeratend, schien er jene Abmachung vergessen zu haben, und ich hielt mich nicht für berufen, ihn zu erinnern.

»Sie ist in der Tat zu gewaltig für dich, hier steckt das Geheimnis. Erinnerst du dich an die letzte Physikstunde? An die Lehre von den elektrischen Strömen? Sechstausend Volt werfen den stärksten Mann auf der Stelle um; dagegen können sechzigtausend nicht einmal einem Kind etwas anhaben, wirkungslos gehen sie durch das kleine Herz, und der Bambs lacht und spielt wie vorher. Genau so geht es dir mit Lola –«

Von allen weisen Erklärungen, die ich dem Freund verdankte, schien mir diese eine der denkwürdigsten; ich sah meine Gleichgültigkeit gegen die schöne Dame durch Naturgesetz gerechtfertigt und wurde höchst vergnügt. – In der Folge freilich gab es zur Beruhigung zwiefachen Grund. Nahm Lola die dargebotene Freundschaft an, so kam ich in eine sehr schiefe Lage; lehnte sie jedoch ab, so war mein Brief mit genauer Adresse in ihrer Hand und ich mit ihm. Sie brauchte nur ein wenig in der Stadt herumzuschwätzen oder gar einem Lehrer von Buchkatzens Art mein Geschriebenes zu zeigen, so stand es gefährlicher mit mir als vor Ostern, ich hatte neue Verhöre zu gewärtigen, und mein Verbleiben am Gymnasium war, bei den dort geltenden Grundsätzen, unmöglich. Aber Woche um Woche ging hin; kein Ruf zur Vernehmung erfolgte, ich vergaß meine Sorgen. Lola hatte geschwiegen, freilich nicht nur gegen Stadt und Schule; sie schwieg auch gegen mich.

Es kam vor, daß ich ihr auf der Straße begegnete; sie gab dann leichthin meinen Gruß zurück, ließ aber merken, daß sie nicht angesprochen werden möchte. Nach und nach dachte ich seltener an sie, doch stand jener ganze Sommer im Zeichen ihres unverbrüchlichen Schweigens. Ich empfand es bald wie Strafe, bald wie Gunst, immer aber schicksalhaft, und gewiß tat ich gut daran, es so zu nehmen. Starke Worte, seelenformende, wer spricht sie noch aus? Schweigend aber wenden wir einander wohl noch Kräfte zu. So kränkt den Lehrling das lange starre Schweigen des Meisters, dem er selbstgenügsam seine Arbeit vorwies; aber plötzlich wird es ihm beredt und führt ihn weiter als irgendein vorzeitiges Tadeln oder Loben. Mich bestimmte die sonderbare Fremde in meinem täglichen Wandel vielleicht stärker, als ich damals einsah: wo nicht zur Demut, lenkte sie mich doch zu einiger Ordnung der Gefühle, die mir bei Mitschülern und Lehrern gewiß nicht nachteilig war.

Nach einigen Monaten verließ sie die Stadt und entschwand meinem Gedächtnis; doch stand es im Buch der Geschicke geschrieben, daß unsere Bahnen sich noch einmal streifen sollten. Dies geschah spät, in finsterem, durch Krieg und Aufruhr erschüttertem Jahr. Ein scheinbarer Zufall führte sie nun in meine Wohnung, und keines wußte zunächst, wer sich vor ihm befand; jedes war gealtert, jedes hatte sich von den freudigen Farben ein wenig abgewandt und trug sich einfach grau, wie die Zeit es riet; erst im Gange des Gesprächs erkannten wir einander. Der Dienst, welchen sie von mir wünschte, lag im Bereich des Ärztlich-Menschlichen, war aber, genau genommen, doch eine Art Freundschaftsdienst, wie man ihn gerade nicht jedem auf der Stelle leistet, und anfangs verhielt ich mich auch wirklich ein wenig abwehrend. Als mir jedoch dabei das einstige Abenteuer immer gegenwärtiger wurde, als ich ihrer für mich so vorteilhaften Verschwiegenheit von damals gedachte, da trat es mir zugleich vor Augen, daß es eigentlich auch jetzt nur die treuliche Bewahrung eines Geheimnisses war, was sie von mir forderte; ich begriff den Wink des Lebens und zögerte nicht länger.

Der große fließende Magnet

Nach unserer Ankunft auf dem kleinen Bahnhof suchten wir sogleich die vielgerühmte Eiche auf, und eine Weile ruhten wir in ihrem Schatten. Die Sonne stand mittaglich darüber, und wie das Meer am stärksten flutet, wenn Mond und Sonne zugleich in gemeinsamer Richtung es anziehen, so spürten wir durch großen Baum und großes Gestirn die doppelte Belebung.

Winkend aber und rufend, von ihren Kindern begleitet, kam die Pächterin, um uns in das Haus zu führen. Als ich, an ihr vorübereilend, mich dem Eingang näherte, fuhr ich zurück: eine schwarze, blau schimmernde Natter mit gelbgeflecktem Köpfchen verließ eben die Schwelle und schlängelte sich ohne Eile im Garten davon.

»Fürchte dich nicht! Freue dich!« rief das junge lichthaarige Weib. »Glück bedeutet es, daß du ihr gleich begegnet bist. Sie hat in der Küche die Milch aus ihrem Holznapf getrunken und schleicht nun ihre Wege. Morgen zur nämlichen Stunde kommt sie wieder.«

»Läßt man sie ruhig aus- und eingehen? Schlägt niemand sie tot?«

»Solang sie uns heimsucht, geht alles gut in Stadel und Stall. Wenn sie ausbleibt, fürchten wir böse Zeit. Aber sie ist klug und kennt alle Schlüpfe. Wenn sie sich verfolgt glaubt, lischt sie hin wie ein Flämmchen im Gras, und in der Donau schwimmt sie wie ein Fisch.«

Der Vater kam nach und erzählte einiges von den giftlosen Schlangen, besonders von der Ringelnatter.

»Als Hausnatter wurde sie schon im alten Deutschland verehrt und geschont, und da und dort weiß noch das Volk davon.«

In Kading hätte ich mich über eine solche Erscheinung nicht so bald beruhigt; hier aber mußten eigene Lebensgesetze gelten, und unwillkürlich leitete ich sie von dem Strom her, dem ungeheuren fließenden Magneten, dessen ziehendes Brausen bis in die kühle Stube herein immer vernehmbar blieb. Kaum hatten wir uns an Kirschengebäck und Milch gesättigt, da kamen schon Leute, die den Vater zu sprechen begehrten. Zuerst wars ein breiter Mann mit rotem Gesicht und Häherfedern auf grünem Hütchen, ein Holzhändler, der die schöne Eiche kaufen wollte, aber kein Gehör fand und die Goldstücke, die er schon am Tischrand aufzuzählen begonnen, wieder einstreichen mußte. Ihm folgte ein Kranker, der Hilfe suchte, und nun ward ich fortgeschickt, im stillen froh, für eine Weile den väterlichen Gesprächen zu entrinnen, die sich fast nur noch um Krankheiten und Heilungen drehten. Unverzüglich suchte ich den Strand. Hier war alles ernst und öde, das Erdreich mit seinem Gras- und Blumenüberwurf blieb zurück, Urgestein und Geröll traten zutag. Ja, der Granit, von dem ein Würfelchen den Knaben unermeßlich bereichert hatte, hier war er über jeden Wertbegriff hinaus vermehrt. Er bildete den halbüberspülten Uferpfad, auf dem ich ging, als hohes Riff trug er schillernde Vögel, als graues Riesenhaupt schlief er unter dem Wasser, bewachsen mit langem grünem Haar, das immer die Wellen wuschen. Wo er einmal ausblieb, da ragten Schilf- und Weidenbestände, mit wilder großblühender Winde durchwickelt. Diese flachen Kelche, wie schimmerten sie! Da und dort störten rostgelbe Stäbchen ihr lichtes Weiß; ich wollte einige wegnehmen, da schwebten sie lautlos mit gläsernen Flügeln davon. Erstaunt nachblickend, sah ich in das klare Antlitz eines braunlockigen Mädchens, das auf umströmter Klippe saß und eine Angel ins Wasser hielt.

Umzukehren war meine erste Regung; dann ging ich langsam auf die Fischerin zu. Sie aber, die zu Hause war an diesem Zauberstand, erwiderte gelassen den Gruß des Fremdlings und fragte, den Menschen Homers vergleichbar, unbefangen nach Eltern und Heimat, gab auch über sich selbst gerne Auskunft, indem sie sich als Amalie, die Gastwirtstochter, nicht ohne Würde vorstellte. Dabei deutete sie nach einem schlößchenartigen Gebäude, das, nahe dem Ufer, wie hellgelbes Metall in der Sonne leuchtete. Später erst fiel mir auf, daß sie barfüßig war, obgleich sie das feine schwarze, mit blauem Band umschlungene Kleid eines Damenstiftzöglings trug; damals aber war es einzig ihr Gesicht, in welchem die ganze Gegenwart aufging. Hatte Eva in ihren echtesten Augenblicken einem zu allem entschlossenen Knaben geglichen, so war diese durchaus Mädchen, aber ein Mädchen, wie es wohl nur an diesem Ufer erwachsen konnte, straff und sanft, vornehm und wild, zart und unverletzlich, mit dem runden Blick, der tiefdunkel ist, sich aber entschieden zur Sonne bekennt. Ganz dem Draußen hingegeben, schien sie doch auf nichts Äußeres angewiesen; und wenn sie jetzt beharrlich ihre Angel ins Wasser senkte, konnte man eher meinen, sie wollte den Strom beschenken als ihn berauben.

Strandentlang, wie von Wölfen verfolgt, kamen Knaben gerast: »Ein Schiff – ein Schiff – am Kachlet aufgefahren! Papageien – ausländische Leut – roter gelber Kukuruz –«

Solche Worte stießen sie sturmlaufend heraus und verschwanden mit flatterndem Haar hinter Schilf und Gestein.

»Da müssen wir hin«, sagte Amalie und wurde rot vor Vergnügen. »Ich will nur erst meine Mutter fragen. Hast zu Zeit? Dann kannst du mir derweil die Angelrute halten. Ich fische nicht für mich, sondern für den Vater. Wenn aber jetzt einer anbeißt, gehört er dir. Dort steht ein Eimer mit Wasser, da wirfst du ihn hinein!«

Ich nahm die Gerte, deren Griff noch warm war von ihrer Hand, bestieg die Klippe und übersah nun den Strom, der mir vor kurzem nicht viel mehr gewesen war als eine Sage. Die zweite Stunde nach Mittag schlug irgendwo, Wind hatte sich erhoben, und manchmal kam über die dunkelgrüne Flut ein kleiner scharfer Glanz herangelaufen, der dicht vor mir in hundert große Lichter auseinanderfiel. Über Tierschädeln und Muschelschalen, die rings auf dem Gerölle bleichten, zitterten schwarze Schmetterlinge, kleine flatternde Mitternächte, nur am äußersten Saum der Hinterflügel von einem weißen Sichelrand erhellt.

Plötzlich wurde mir die Gerte fast entrissen, aufplätscherte die Flut, ein mächtiger, silberglänzender Fisch warf sich verzweifelt hin und her und bedrängte mich mit nie gekanntem Entsetzen. Gern hätte ich ihn auf der Stelle freigelassen, wenn ich nur gewußt hätte, wie man es macht; endlich begriff ich mein Glück und beschloß, Herr der Lage zu werden, indem ich die Schnur heranzog und den Fisch zu packen suchte. Jedoch mit Urkraft wehrte sich die metallische Kreatur, der ganze Strom zürnte mich an aus ihr; aber während ich voll Trauer sah, daß um sie herum das Wasser sich schon rötete, sagte ich mir doch, daß sie bezwungen werden müsse, ja ein sehr hohes Gut schien mir verloren, falls dies mißlang. Endlich kam Amalie zurück. Unter ihren Händen beruhigte sich der Fisch; ohne Gewalt löste sie ihn vom Haken, und gleich darauf schwamm er im flachen gehenkelten Eimer und ließ sich betrachten:

»Ein seltener Fisch, eine Donau-Forelle! An den schönen roten Punkten erkennst du sie. Das Hochwasser schwemmt manchmal eine von den Bergen herunter, da wächst sie dann und wird viel größer als droben im Bach. Wir verstecken sie dort im Schilf und holen sie am Abend, wenn wir zurückkehren.«

Das war vernünftig gesprochen; ich aber konnte mich von dem tief erregenden Geschöpf nicht sofort wieder trennen, bestand vielmehr darauf, es mitzunehmen. Sie hielt dies für töricht, gab aber nach:

»Wir machen dann lieber den Umweg durch unsern Wald. Am Ufer gehen viele Leute, die würden alle den Fisch anschauen wollen. Auch täte ihm die heiße Sonne weh.«

Amalie kannte die verborgensten Jägersteige und wartete ohne Ungeduld, bis ich mit meiner Bürde nachkam. Einmal, auf steinigem Vorsprung, wurde mir die ansehnliche Höhe deutlich, die wir in wenigen Minuten erreicht hatten. Eine Schlucht stand offen; mein Blick, nur an ebene Flächen gewöhnt, verlor die Sicherheit, ich wagte keinen Schritt mehr, und schon zog mich der Eimer zur Tiefe hin, da reichte mir die himmelblau gegürtete

Führerin von oben ihre feste Hand und riß mich über Fels und Gestrüpp aufwärts.

Ein Wasser floß klingend und gießend zu Tal.

»Das ist der Laufenbach, den schau dir an! Blätter groß wie Sonnenschirme wachsen da. Wenn du gescheit bist, läßt du die Forelle hier, bis wir heimgehen; niemand findet sie.«

Vorsichtig erneuerten wir das Wasser im Eimer; dann rasteten wir auf gefälltem Stamm, durch einen Sonnenspeer, der schräg hereinfiel, voneinander geschieden. Ein leises Klopfen und Sausen war überall in den dämmrigen Waldwohnungen; uns zu Füßen, grünen Igeln ähnlich, hockten kleine kugelige Mooskissen, und wunderbar leuchtete rote Heraldik auf schwarzen Käferflügeln. Aus Buchenwölbung an langem Faden heruntergelassen, schwebte hellgrün eine Raupe zwischen unseren Gesichtern, und wie Vereinbarung war es, daß wir sie nicht berührten, während sie sich, im Strahl gewiegt, immer glühender verherrlichte.

Geplätscher lenkte die Blicke zum Bach; schreiend sprangen wir auf, aber schon war es geschehen: der Fisch, die fließende Heimat witternd, hatte sich mit einer äußersten Anstrengung herausgeschnellt und war am Bachrande niedergefallen. Mein ungeschickter Fangversuch half ihm erst vollends ans Ziel, – ein Schlag, und schattenhaft zuckte er zwischen Steinen davon, der Donau zu, aus der wir ihn heraufgetragen hatten. Fassungslos wandte ich mich zur Führerin; aber ihr freudeblickendes Auge wollte den Verlust nicht anerkennen, – »der wird froh sein«, sagte sie, umarmte meine Schultern und lachte. Zorn stieg in mir auf; aber auf einmal, unter ihren Blicken, verstand ich das Glück des befreit hinfliehenden Geschöpfes, begriff auch, daß mich gerade der Fisch noch immer ein wenig von der neuen Freundin ferngehalten hatte, mir war, als hätte ich ewig nur auf diese Stunde zugelebt.

»Jetzt aber fort! Zum Schiff! Zum Schiff!«

»Wird es nicht schon davongefahren sein?«

»O, wenn es tüchtig festsitzt, bringen sie's vor zwei Tagen nicht los. Ich wollte, daß es von recht weit herkäme. Das letzte war ein ungarisches; wir fuhren auf einer Zille hinüber, kriegten Gulasch und Wein und durften uns alles ansehen. Ganze Zimmerchen hatten sie darin mit Fenstern, Tischen, Stühlen und Betten. Gleich ist unser Wald zu Ende, dann siehst du die Donau wieder.«

»Warum sagst du immer: unser Wald? Ist er nicht für alle da?«

»Freilich darf jeder darin herumgehen. Aber er gehört meinem Vater. Auch der Ufergrund, wo wir gefischt haben. Ich zeige dir später das steinerne Brücklein, unter dem der Laufenbach mündet; dort endet unser Besitz.«

»Und wenn der Wald ausgeht, wem gehört dann der Boden?«

»Dem Staat. Habt ihr auch einen Wald?«

Diese Gegenfrage kam unerwartet. Ich vergaß, daß wir durch die Erbschaft der Mutter in bescheidenem Grade selber Grundbesitzer geworden waren, und dachte nach, wie sich unsere Verhältnisse ins beste Licht setzen ließen. Ein leises Geschepper in meiner alten Jacke brachte mich auf das Richtige:

»Mein Vater ist Arzt; er macht überall die Leute gesund und braucht keinen Wald. Siehst du diese weißen Pastillen? Wenn du noch so stark die Lungenschwindsucht hättest und nähmest alle Tage fünf oder sechs davon, so müßtest du nicht sterben.«

Voll Achtung blickte Amalie auf die Glasröhren mit den vielvermögenden Plätzchen, zeigte aber keine Lust, sie in die Hand zu nehmen.

»Da braucht ihr freilich keinen Wald.«

Seit ich wußte, daß wir uns auf des schönen Mädchens eigenem Boden befanden, ging ich unwillkürlich langsamer; jeder Schritt wurde mir zu Gastfreundschaft und Huldbeweis, und ich hatte wenig Eile, auf das gleichgültige Staatsgebiet hinüber zu gelangen. Dunkle Brennesseldickichte versperrten den Weg. Amalie, die nacktfüßige, wich ihnen behutsam aus, während ich sie gemächlich durchquerte und dabei die Hände tief in das tausendfach stechende Grün hinabtauchte. Ihr schien dies ein wenig zu mißfallen; sie verstand nicht, daß ich ihr bedeuten wollte, wie sehr ich auch das Schmerzende liebte, wenn es auf ihrer Erde wuchs.

Endlich blieben die Bäume zurück, Abhänge glitten ins Tiefe, es öffnete sich das himmelhell erweiterte Tal. Ich suchte den Strom, erkannte ihn aber nicht sogleich, obwohl er vor Augen lag. Alles andere war ja durch Farben körperhaft; er dagegen, bleich und grau, schien jenseits der Wirklichkeit zu fließen. Es war gerade das Entlegenste, was mich anzog, und zwar mit einer Kraft wie Musik. Denn wie wir die Betrachtung eines dicht vor uns hängenden Gemäldes gewiß gern unterbrechen, wenn auf einmal weither ein mächtiger Gesang ertönt, so wurde nun auch dem Schauenden die ganze plastisch bunte Nähe vorerst unwichtig im Vergleich zu den einfachen dunkelblauen Zügen des bayrischen Waldgebirges, dessen Gipfel sich tief im Nordosten wie Melodieen auseinander ergaben. Jetzt aber befahl das Mädchen, gerade nach unten zu sehen, und nun erst unterschied ich die drei Linien, die da bedeutsam nebeneinander laufen: den Strom, die Straße und zuinnerst, hart an Felswänden hin, die Eisenbahn, die mit schimmernden Reifen das Land zusammenschmiedet.

»Die grauweißen Steine dort mitten im Wasser, die nennen wir das Kachlet. Immer wieder einmal scheitert an ihnen ein Schiff. Nur ein Schlepper, leider, ist es heute, aber fest eingeklemmt, siehst du ihn?«

Sie ließ mir gerade noch Zeit, den schwarzen, leicht rauchenden Fleck zu unterscheiden, dann hob sie die Arme wie Flügel, und ein wundersamer Anblick war es nun, wie das klösterlich gekleidete Kind mit Bussardswildheit niederstieß.

Ein alter Fischer, der mit seinem Kahn bereits vom Lande abgefahren war, ließ gleich das Ruder sinken, als er die Herabstürmende erkannte, bog die Hände zum Sprachrohr, fragte, ob wir mitwollten, kehrte um und holte uns über.

Auf dem Deck des verunglückten Lastschiffs, vor einer langen Reihe rotgestrichener Fässer, hatten sich bereits ältere und jüngere Männer der Gegend eingefunden, um ihre Hilfe zur Flottmachung anzubieten. Der Mann, der mit ihnen verhandelte, nahm sich trotz der mißlichen Lage seines Fahrzeugs höchst selbstbewußt aus. Auf dem struppigen Kopf saß ihm eine blaue Mütze, das Hemd stand weit offen über der haarigen Brust, und er trug zwar keinen Hemdkragen, wohl aber eine schwarze, gelb gesprenkelte Krawatte, die wie ein Feuersalamander seinen starken Hals umarmte. Uns beide ließ er ungefragt vorüber und hielt uns nicht zurück, als wir stracks dem Schiffsende zujagten. Dort stand, wie aus Märchen hergetragen, ein Bretterhäuschen mit winzigen, weißverhangenen Fenstern und einem hohen, rauchenden Blechkamin. Große Ringe waren aufgehangen; drin wiegten sich blaßrosa Papageien, und rings unter dem Dache trockneten die Maiskolben, die jene strandlaufenden Knaben angekündigt hatten. Eine Türe hatten wir gar nicht bemerkt; auf einmal wurde sie von innen geöffnet. – »Was wollen ihr?« schrie eine dunkle Frau mit geranienrotem Kopftuch und großem Goldgeglitzer an den Ohren. Sie stand in einer ganz kleinen Küche und nahm eben ein überkochendes Töpfchen vom Herd.

»Ich bin die Gastwirtstochter vom Dorf; wir möchten ein wenig auf dem Schiff herumgehen.«

Gleich erheiterte sich die Frau und fragte in einem seltsam ungefähren Deutsch, ob dort wohl Bier, Fleisch und Milch zu haben wären: »Wird alles bezahlt. Wir sind nicht reich; aber wir haben, von was wir leben«, setzte sie behäbig hinzu.

»O dies alles können Sie bei uns holen«, sagte Amalie und hielt ihren Zeigefinger zu einem Papagei empor, um sich kneipen zu lassen.

»Holen? Wer wird holen? Arbeit ist. Mann, der sauft Bier am Land, vergißt immer halbe Sach. Sind auch böse Leut am Land, gaffen dumm, spotten von meine braune Gesicht. Ist auch unser Söhnchen krank, fehlt auf der Lunge, koch grade Tee für ihn,

Isländisch Moos, ist ihm gut für die Brust. Hat er Fieber, steigt ihm die Phantasie zu die Kopf, will nie nicht allein sein, – seht ihr den arme Kind?«

Sie öffnete einen Verschlag mit schmalem Feldbettchen; darin lag ein blasser, aber nicht sonderlich abgemagerter Knabe, den Oberkörper halb aufgerichtet und ungeachtet ersichtlicher Atembedrängnis angelegentlich beschäftigt. Eine Topfpflanze stand neben ihm auf einem Stuhl, dabei ein Gefäß mit Wasser, und eben reinigte er mit feinem Läppchen die langen glänzenden Blätter, jedes einzeln, mit höchster Sorgfalt, wie man ein krankes Kind kämmt. Der unverhoffte Besuch mochte ihm wenig behagen; nach einem raschen Seitenblick fuhr er eifrig mit der Pflanzenwäsche fort.

»Bleibt nicht in Heimatland, mag nicht leben als auf Wasser, ist ihm Donau zu klein, will Meerfahrer werden.«

Amalie trat hart an mich heran:

»Hast du's gehört? Auf der Lunge fehlt es ihm!«

Sie sah mir mit Bedeutung in die Augen, und ich nickte ihr beifällig zu; aber der Sinn ihrer Worte war mir nicht aufgegangen. Ich lebte nur in ihr und in dem großen Abenteuer des Tags; wohin ich blickte, war zauberische Welt, der fremde Knabe nur ein Teil davon; so wie er dalag mit seiner grünen Pflanze und mit seiner Krankheit, gefiel er mir, ich wünschte ihn nicht anders. Der Blick der Freundin aber wurde immer dringender; plötzlich wandte sie sich zu dem Weibe:

»Er ist nämlich ein Arztenssohn und hat weiße Pastillchen in der Tasche, davon werden alle Lungenkranken gesund.«

Wohlmeinend geschäftig sagte sie dies, und wie dankbar hätte ich eigentlich sein müssen! Ein alter Wunsch ging in Erfüllung; ich fand endlich Gelegenheit, die Wissenschaft anzuwenden, die mir beim Abschreiben der väterlichen Abhandlung so nahgekommen war. Was ich aber nun empfand, war gröbliche Ernüchterung. Aus zwecklos unbedingter Sphäre, wo es freilich manchmal süß war, von unendlichen Heilkräften zu träumen, sah ich mich mit einem Schlage herausgerissen und vor die grelle Verantwortung des einzelnen Falls gestellt; als ein verräterischer Überfall erschien mir das, ich erwog die Flucht.

Die Schiffsfrau, die mich bisher wenig beachtet hatte, maß mich jetzt mit prüfender Miene; ihre Lippen bewegten sich, doch keine Worte, nur Seufzer kamen hervor.

Amalie, mein starres Zögern nicht begreifend, legte mir zutraulich ihre Hand auf die Schulter:

»Hilf ihm doch! Tu es mir zuliebe!«

Und diese Anrede, diese leichte Handauflegung vermochten das von mir selber nicht Verhoffte: noch im Entstehen verging der Zorn, Kräfte befreiten sich, ich fühlte mich zum Handeln bestimmt und rief den ganzen Geist des Vaters zu Hilfe. Daß jeder Kranke, bevor er eine Verordnung empfing, beklopft und behorcht wurde, wußte ich, und wenn ich auch von diesem Handwerk nichts verstand, so schien es mir als einleitende Form doch unerläßlich und überdies höchst einfach. Gern entkleidete die Mutter ihr leidendes Kind, und ich spielte meine Rolle so gut, wie ich sie gelegentlich dem Meister abgespäht hatte, preßte den linken Mittelfinger kräftig an und tippte mit dem rechten schnell nacheinander darauf, wobei sich nur leider die nesselbrandgeschwollenen Hände sehr unvorteilhaft ausnahmen, so daß ich mich lieber aufs Horchen verlegte und bald dem Rücken, bald der Brust ein Ohr andrückte. Ich war nun wirklich neugierig, mit welchen Tönen sich das organische Unheil wohl andeuten würde, konnte jedoch nichts vernehmen als den mächtigen Wasserschwall, der draußen an Bretterwand und Klippen anrauschte; aber gerade dieser urirdische Klang stärkte mir die Zuversicht. Indem ich tat, als ob ich etwas hörte, rief ich mir einen um den andern jener Sätze zurück; es war, als kämen sie mir aus dem Stromgetöse klar entgegen.

»Und kann er sich noch gesund werden?« fragte die dunkle Mutter.

»Gesund wie ein Fisch im Wasser, das ist gewiß. Ihr müßt nur alles genau so machen, wie ichs Euch sage!« Damit brachte ich meine Glasröhrchen hervor, verordnete, daß dem Kranken alle zwei Stunden ein Tablettchen gereicht werde, wie es für die allerschwersten fieberhaften Erkrankungen der Lunge vorgeschrieben war, und ließ mir prompt alle die wohlgemerkten Regeln vom Munde fließen, die den Erfolg der Kur bedingten.

Die Frau lächelte, auch Amalie war zufrieden, und ich selbst hielt mich für tüchtig, bis ich den großen Augen des Knaben begegnete, die wachsam, forschend, ja, wie mir auf einmal vorkam, voll geheimer Verachtung an mir hafteten. Ich wußte, daß er Deutsch weder sprach noch verstand; um so stärker ergriff mich sein Blick und seine Miene. Er hatte nicht das flüchtigste Lächeln für mich; ja plötzlich, wie beleidigt von meinem Anblick drehte er sich zur Wand und verharrte regungslos.

Im Nu schwand mir die Sicherheit. Keine Schulstrafe, kein Verweis der Eltern hatte mich je dermaßen bestürzt wie diese stumme Ablehnung. Das alte Schuldgefühl begann wieder Nahrung zu wittern; es war, als wollte das Gebraus der Wogen einen Frevel übertönen, und als nun gar die Mutter fragte, wieviel Geld sie für die Arznei zu zahlen habe, fand ich gerade noch den Mut, ihr zu beteuern, diese hätte mich selber nichts gekostet. Wäre ich jetzt noch in mich gegangen, hätte ich mich eine Sekunde lang in den Zustand des Kindes versetzt und mit Energie nach dem Fehlerhaften gesucht, das ich doch wohl irgendwo spürte, ich würde das Rechte gefunden haben. Aber leider ließ ich es bei der Bestürztheit bewenden, und indem ich mir immer wieder vorsagte, daß ich meine Sache doch recht gut gemacht habe, drängte ich zum Verlassen des Schiffs.

Der Heimweg war einsilbig. Auch Amalie hatte sich gewiß andere Abenteuer erwartet. Zum Walde stiegen wir nicht mehr hinauf, obgleich der Eimer noch oben stand; auch zeigte sich keines geneigt, über den Vorgang viel zu reden. Auf einer Granitbrücke, unter der sich ein Bach in die Donau ergoß, blieb das Mädchen stehen:

»Hier geht unser Grund wieder an. Kennst du das Wasser? Der Laufenbach ist es, der nämliche, an den du deinen Fisch verloren hast.«

Sie lachte wieder so hell wie droben auf dem Berg, und gleich verminderte sich meine Sorge. Wie gut war es, wieder mit ihr auf ihrem kostbaren Boden zu gehen, der mir jetzt noch anders fühlbar wurde als vorher! Leise nahm schon Dämmerung die Farben des Tages zurück; nur die weißen Flecken der Winden schimmerten längs dem Ufer. Stark und stärker aber belebte sich das Unterirdische. Ich dachte an die Metalle, die Tiere, die schlafenden Seelen, an alle die geahnten Heiligtümer der Erde, über die wir nun hineilten, – waren sie nicht auch ein Teil vom Gute des Mädchens und zugleich allen Menschen gehörend wie droben der Wald? Weit aber unter allen Lagerungen brannte das Feuer, das, wie die Lehrer sagten, die Mitte unseres Planeten bildet, und weil ich mir einen Grundbesitz nach der Tiefe hin unmöglich als begrenzt vorstellen konnte, so mußte wohl auch ein weniges von diesem glühenden Kern ihr gehören. Sie durfte, wenn sie wollte, hinuntergraben, bis die Flamme heraufschlug. Wahrscheinlich konnte man dies gar nicht; auch wäre sie viel zu fromm gewesen für solch ein gewiß frevelhaftes Beginnen, ihr war es genug, daß jenes Feuer sanft von unten her ihre Gründe wärmte. Ich aber stand nun in Freundschaft mit allen diesen tiefen Gewalten durch sie, – wars da verwunderlich, daß Ruhe wurde im Herzen, daß die ängstlichen Gedanken an jener Brückengrenze zurückblieben?

Unter der großen Eiche nahmen wir Abschied.

»Morgen bringe ich der Schiffsfrau Milch und Eier und was sie sonst begehrt. Willst du mir tragen helfen, so hol ich dich ab. Schlaf aber nicht zu lange, ich komme früh!«

Sie gab mir die Hand. Aus dem Astwerk tropfte Kühlung. Die Sonne war nur noch ein flacher glühender Hügel, der zwischen vielen grauen versank.

Halb erwacht hörte ich ein Rauschen wie von strömendem Regen und wunderte mich über die Veränderung des Wetters nach so klarem Abend. Zugleich löste sich etwas Dunkles, nicht Geheures vom untersten Schlummergrund, und langsam stieg es wie ein schwarzer Fisch herauf. Ich wollte damit nichts zu tun haben und legte mich auf die andere Seite; aber ein zorniges Schwätzen und Schwirren weckte mich vollends. Beim angezündeten Licht sah ich zwei Schwalben das Zimmer umflattern, hart an die Scheiben stoßend, und als ich mich ganz aufrichtete, gewahrte ich auch das graue, mit gelben Schnäbeln gesäumte Nest, das an einem dunklen Deckenbalken klebte. Ich öffnete das Fenster, bei dem ich lag, und jäh über meine Hände hin strich die zwitschernde Flucht.

Das eisige Grün des Himmels war schon blau behaucht, ein einziger Stern schwamm noch darin, und nun erst wußte ich wieder, daß es der große Strom war, der wie ein ewiger Regen rauschte. Indessen aber war leider auch der schwarze Fisch ans Ziel gelangt. Mir fiel das Heilmittel ein, das ich dem kranken Knaben gegeben hatte; ich sprang aus dem Bett.

»Pilokarpin ist kein gleichgültiger Stoff. Nur in kleinsten Gaben wirkt es heilend; in großen kann es das Herz tödlich schwächen, besonders bei Kindern.« Hatte dies der Vater nicht betont? Und war der Kranke nicht ein Kind? Wie kam es, daß ich dies gestern gar nicht bedacht und ihm die Dosis für Erwachsene gegeben hatte? – Ich spähte nach der Türe, hinter welcher der Vater schlief, da lag Licht auf der Schwelle; er war also wach. Ich wusch mich leise, zog mich völlig an, klopfte und wurde hereingerufen. Auch er war angekleidet; bei zwei Kerzen saß er an einem Tischchen und schrieb. Meiner Beichte und meinen Zweifeln hörte er gelassen zu und wunderte sich nur, daß ich nicht einmal genau das Alter des Knaben angeben konnte.

»Ob die Menge zu hoch ist, läßt sich ohne Untersuchung nicht entscheiden. Es fragt sich nur, ob nicht vorher eine Anwendung von ganz anderer Art am Platz gewesen wäre. Auch dies war nur durch Untersuchung zu ermitteln.«

»So dachte ich auch und habe, das heißt: ich wollte – ich habe versucht, an der Brust des Kleinen zu horchen –.«

»Du? Und was hast du gehört?«

»Die Donau rauschte so laut – ich hörte nichts –.«

Der Vater verfinsterte sich. Er sah zu den morgenhellen Fenstern hin und blies die Kerzen aus.

»Du hättest besser getan, dem Jungen einfach das Mittel zu geben und ein paar Anleitungen für den Gebrauch. Aber den Untersuchenden spielen, höchst unberufen, – wie kommst du dazu?«

Er wollte noch mehr sagen; aber jetzt wurde mein Name vom Garten herauf gerufen, und augenblicklich entnahm ich dem Klang der lieben Stimme, daß sie nichts Erwünschtes berichten würde. Beide zugleich traten wir an das offene Fenster. Amalie, in hellem Sommerkleidchen, einen verdeckten Korb in der Hand, war durch den unvermuteten Anblick des Vaters eingeschüchtert und wußte nicht sofort, mit wem sie reden sollte, entschied sich aber höflich und klug und wandte sich fast nur noch an ihn. Botschaft sei vom Schiff gekommen, der Knabe habe eine schlimme Nacht gehabt, er atme immer mühsamer und schneller, ein Arzt aus Passau sei nicht erreichbar, die Mutter habe von dem fremden Herrn Doktor gehört, falls er sich so weit bemühen wolle, läge eine Zille bereit. Sie wurde rot und bleich; man sah, wie sich ihr heiteres Herz empörte gegen den traurigen Bericht; aber die Augen leuchteten wie gestern, sie gaben nichts verloren. Ich achtete scharf auf ihre Mienen, ob sie einen Zug der Verachtung oder des Vorwurfs enthielten, entdeckte aber nichts und faßte mich ein wenig.

Die Lage war sonderbar, ich empfand sie noch nicht ganz; es war ein einziger Bestandteil, den ich wie einen köstlichen Sauerteig aus ihr herausschmeckte. Fernher ängstigte der drohende Tod des Kindes; ob ich diesen herbeigeführt, ob ich ihn wenigstens beschleunigt hatte, das würde nun wohl erkannt werden, – war es aber so, dann bleib mir immer noch das eine, nur Gott

Angehende, daß eben doch sie, die engelhaft Erschienene, dazu ausersehen war, mich zu einem solchen Schicksal hinzuleiten. Denn keineswegs als etwas Entzweiendes empfand ich dies; ja kein vertrauliches Wort, keine gemeinsame Lust hätte mich fester an sie binden können als das dunkle schmerzliche Wissen um gemeinsame Verschuldung.

Niederschauend auf die Wartende, hatte sich der Vater langsam wieder aufgeschlossen, und das beruhigte mich auf eine neue Art. Auch ihn also ergriff das unbestreitbar Schöne; nicht ganz entging er der Verzauberung, die mich befing, ich sah die Rechtmäßigkeit meines Gefühls bestätigt, und zwar durch ihn, dem ich keine Leidenschaften des Herzens zuzutrauen wagte. – »Wir kommen«, dies war seine ganze Auskunft; aber mit einem jugendlichen Lächeln, das auch auf mir eine Sekunde lang ruhen blieb, trat er vom Fenster zurück, entnahm seinem Koffer ein schwarzes Täschchen und mehrere verschlossene Phiolen, und schon zwei Minuten später strebten wir zu dreien den Strom entlang, den windgejagte kleine Nebelknäuel überrollten.

Die Kunde von dem leidenden Knaben, der mitten auf dem Wasser im gestrandeten Schleppschiff lag, war schnell von beiden Ufern aus in die Landschaften eingedrungen. Dabei machte das Gerücht unmerklich aus dem Kranken einen Sterbenden, und während sich die jungen Leute auf ein recht ungewöhnliches Leichenbegängnis freuten, erwachte in den Frauen das Mitleid. Manche fromme Bäuerin verließ ihren Herd, packte etliches Entbehrliche zusammen, legte ihre Sonntagstracht an, stieg zum Strand hinab und ließ sich übersetzen. So fanden wir bei unserer Ankunft schon allerlei Besucherinnen auf Deck; und als wäre der Kleine das Christkind, so wollte jede ihn sehen und beschenken. Den struppigen Vater schien der fremde Zudrang zu bedrücken; er machte sich, Zigaretten rauchend, abseits bei den roten Fässern zu schaffen. Über der offenen Tür der Kabine aber schrieen die Papageien aufgeregt, und fast ängstlich nahm die verweinte

Mutter den Gabenüberfluß entgegen, den wir mit unserem Korb noch vermehrten. Ich wagte kaum, ihr ins Gesicht zu sehen, doch war ihr Urteil über mich wohl noch nicht abgeschlossen; sie grüßte freundlich, nur verstärkte sich bei unserm Anblick ihr Weinen. Amalie hatte eine feine und bestimmte Weise, den Arzt anzukündigen und ihm Platz zu schaffen, doch ließ es sich nicht verhindern, daß er wieder einmal in aller Öffentlichkeit wirken mußte; denn da war kein Spalt, keine Luke, durch die nicht Augen voll Neugier und Wohlwollen hereinglänzten. Der braunen Frau zitterten die Hände, da sie abermals ihr Kind entkleidete; der Junge aber half mit, so gut seine hochgestiegene Atemnot es zuließ. Erst als der Arzt bereits den Finger ansetzte, fiel es ihm noch ein, Schwierigkeiten zu machen, indem er plötzlich mit Leidenschaft etwas forderte, worauf die Mutter verschwand und jene Blattpflanze hereintrug, die er gestern so säuberlich gewaschen hatte; sobald sie neben ihm stand, blieb er still.

Des Vaters Untersuchung dauerte kaum ein Viertel so lang wie die meinige, und doch war nicht verkennbar, daß er alles hörte, worauf es ankam, die Donau mochte tosen, wie sie wollte. Schließlich wies er mich an, ein geschliffenes Glas mit Jodtinktur bereitzuhalten, und während er das Pinselchen eintauchte und einen kleinen braunen Vollmond auf den kindlichen Rücken malte, gab mir der würzige Nußlaubduft der wohlbekannten Lösung eine sonderbare Zuversicht. Leicht vollzog sich weiterhin das Notwendige. Beim Einstich der Hohlnadel zuckte der Knabe, schrie aber nicht, sondern spitzte nur die Lippen und pfiff einen sehr hohen Ton, der sich fast mutwillig anhörte, und schon ward eine gläserne Spritze voll heller Flüssigkeit ans Licht gehalten.

»Wasser nur ist es, unschuldiges Wasser«, sagte der Arzt, »keine leiseste Trübung darin. Aber bis zum Hals hinauf ist der linke Brustraum damit angefüllt, vermutlich seit Wochen. Das Herz, wie ein Ball an die Rippen gepreßt, vermag sich kaum noch zu regen, – begreifen Sie nun, warum der Kleine nicht atmen kann?«

Wie gebannt starrte das tief erbleichte Weib auf die klare Lymphe. Auch der Schleppmann war hereingekommen, unglücklich aussehend mit wirrem Haar und ganz verrenktem Feuersalamander, doch schien sein Vatergefühl und -stolz geweckt; jedenfalls wollte auch er die verderbliche Flüssigkeit beschauen und den nächsten Ereignissen beiwohnen.

»Da konnten die guten Tabletten, die mein Sohn dem Buben gab, freilich nicht angreifen«, fuhr der Vater fort und lenkte damit alle Blicke auf mich. Noch nie war so großartig von mir gesprochen worden; wie in einem neuen Schwindelanfall begann sich alles rings zu drehen; aber auch dieses Mal kam unversehens die Freundin zu Hilfe, indem sie mich vertraulich, gleichsam gratulierend, in den Ellenbogen zwickte, ein fast sträfliches Benehmen in so feierlicher Minute, doch wohltätig ernüchternd.

»Auf keinen Fall darf der Erguß in der Brusthöhle bleiben, – ein Tag noch, und das kleine Herz steht still! Wir entfernen ihn gleich; es ist ein harmloser Eingriff. In einer Stunde ist alles geschehen, die Atmung wiederhergestellt, der Blutkreislauf entlastet, und gewiß erkennen wir dann, ob in der Tat ein Organ erkrankt ist und wie man es heilen wird.«

Der Kleine, der die Rede nicht verstehen konnte, hatte dennoch voll vertrauender Spannung gelauscht. Endlich winkte er seinen Vater heran und ließ sich von ihm den Sinn übertragen, indessen die Mutter in der winzigen Küche Wasser für die Operation abkochte und uns mit Eiern, Brot und Wein bewirtete. Sein Gesichtchen, immer der frisch glänzenden Pflanze zugewandt, zeigte keine Furcht. Später, beim Eindringen der großen Kanüle, schrie er auf, beruhigte sich aber bald und sah nun mit fast belustigtem Staunen zu, wie der ihm entrinnende Quell, durch langen Schlauch nach einem Glaszylinder hingeleitet, unaufhörlich abfloß. Bald verspürte er die gelind einsetzende Befreiung und wurde nahezu ungeduldig, wenn der wachsame Arzt, um den Druck im Brustkorb nicht gefährlich schnell herabzusetzen, von Zeit zu Zeit den Schlauch abklemmend, eine Pause einschob.

Zwar sah er jetzt noch blasser und angegriffener aus als vorher; aber der Vater erklärte, die Sache gehe ihren guten Gang, und den Reizhusten, der sich dann und wann einstellte, schien er sogar als günstiges Zeichen zu nehmen.

Mittlerweile wandeln in Gruppen die Bäuerinnen mit ihren seidenschwarz umbauschten Köpfen am offenen Kämmerchen vorüber und begrüßen die steigende Füllung des Glasgefäßes mit Gebärden und Rufen. Basen und Gevatterinnen, die der breite Strom sonst monatelang auseinander hält, haben sich auf dem Schiff getroffen, viel Neues gibt es einander zu sagen, und während sie die körnerschwere fremde Maisfrucht betasten und bewundern, vergleichen sie damit die einheimischen Getreide und reden von den Erntehoffnungen des Jahres.

Einmal, in der Pause, ließ der Knabe sich ein Schächtelchen bringen, entnahm ihm geheimnislächelnd etwas Unkenntliches und warf es auf mich zu, doch flog es vorbei und wurde von Amalie aufgefangen und entrollt; es war ein langes, rotseidenes Band mit eingestickten blauen Trauben und grünem Weinlaub, ein prächtiges Angebinde. Der Blick des Gebers hatte es mir zugedacht; es war aber wie geschaffen für die Freundin, und als jener Zustimmung nickte, schlang sie es an Stelle des gestern getragenen himmelblauen um ihr weißes Kleid. Jedoch leider nur zum Abschied hatte sie sich so schön geschmückt; ihre Zeit war um, sie wurde zu Hause erwartet. Ohne viele Worte ging sie von einem zum andern und gab ihm die Hand, zuerst dem Vater, mir zuletzt:

»Wenn du wiederkommst, mußt du bei uns einkehren«, sagte sie mit zarter Festigkeit, »meine Mutter möchte dich auch einmal sehen.«

Erfreut und stolz, wenn auch nicht ohne Gewissensregung, vernahm ich dies; Hugos weise Warnung vor der Einmischung der Mütter war noch nicht vergessen. Aber vor diesem Antlitz und in diesem wunderbaren Tal würde der Freund seinen Ausspruch widerrufen, sagte ich mir.

»Sie will dir auch einen feinen Fisch braten«, rief die Forteilende lächelnd zurück, und im entzückten Nachschauen begriff ich kaum, daß sie mich wirklich verlassen hatte.

Im Brustraum des kleinen Kranken war endlich die Flut versiegt; noch einmal entblößte der Arzt den schmächtigen Leib seines Schützlings, und sehr lange währte diesmal die Behorchung, kurz aber war der Bescheid:

»Schon beim ersten Blick hätte ich mich verbürgen mögen, daß das Kind zum Leben berufen ist und nicht zu frühem Tod. Auch die Untersuchung ergibt nichts andres. Gesund ist das Herz, und nirgends klingen die Lungen bedenklich; was etwa fehlt, wird ohne großen Aufwand heilbar sein. Wie sichs bewirken läßt, sollt ihr gleich hören. Beherzigt alles, und froh könnt ihr weiterfahren! Für die nächsten Stunden aber hilft nur Schlaf, tiefer Schlaf.«

Als wären dies Zauberworte gewesen, fielen auch schon dem Knaben die Augen zu; er legte sich auf die befreite Seite, wie um ihre Genesung zu schützen, und wohlgeregelt ging der Atem. Während aber der Vater den still aufmerkenden Eltern erklärte, wie das Kind fernerhin zu halten und zu behandeln sei, scholl hohl und schrill ein langes Geheul, das bald, verstärkt von seinen Widerhallen, den ganzen Raum des Tals bewegte. Voll Sorge sah die Mutter nach dem Bettchen; der Kleine hob horchend einen Zeigefinger, erwachte aber nicht. Und nun drängten alle davon; jeder wollte dem großen Dampfer entgegensehen, der endlich zur Lösung des festgerammten Schleppers von Passau her sich näherte. Zwei junge Bäuerinnen wälzten sich sogar eins von den roten Fässern nach vorn und bestiegen es, um weiter schauen zu können als die andern; rabenflügelig standen die Zipfel ihrer Kopftücher im Wind. Ich wollte es ihnen nachmachen und legte schon Hand an ein Faß; der Vater aber, seine Uhr ziehend, mahnte zum Aufbruch nach dem Bahnhof. Mit zwei älteren Frauen fuhren wir in einem kleinen Nachen an das Land. Auf dem Uferweg suchte ich durch Langsamgehen eine Zugversäumnis herbeizuführen; aber der Arzt wußte sich in Kading von Kranken erwartet und verstärkte seinen Schritt. Ein großer Schmerz war irgendwo in der Nähe; solang ich aber auf dem geliebten Boden des Mädchens ging, hoffte ich ihn abzuhalten und sah nur mit Grauen der Sekunde entgegen, die mich zum Überschreiten der unsichtbaren Grenze zwingen würde.

Der Vater schwieg lange; schließlich erteilte er mir in ungewöhnlich leidenschaftlichem Ton eine Belehrung. Auf dem Schiff war er überaus taktvoll mit mir umgegangen, etwa wie mit einem jüngeren Kollegen, dem man gern darüber hinweghelfen möchte, daß er sich ein bißchen blamiert hat; jetzt aber, unter vier Augen, rügte er es aufs neue, daß ich mich ohne Befugnis als Untersuchenden aufgespielt habe, gerade so, als wäre die Krankheit ein Theater.

»Das sind Gauklerdinge, und merkwürdig ist es nur, daß Kinder so etwas eher durchschauen als die Großen. Vorderhand«, fuhr er freundlicher fort, »liegt es ja noch im Ungewissen, wohin du dich wenden wirst. Aber nirgends darf der Anfänger ein Täuscher sein, am wenigsten in der Heilkunst. Ein Täuscher, ja, das warst du gestern, und gleich verfälschte sich dein Sinn, und es fiel dir nicht mehr ein, daß ein Kind geringere Dosen verträgt als ein Mann. Jahrelang lernt und übt der Arzt; nur durch vergleichendes Erinnern wird er Meister. Gehorsam zur Lehre, Nicht-Flunkern, Verzicht auf bestechenden Schein, – dies alles unterscheidet ihn ewig von dem noch so hoch begabten Pfuscher. Darauf ruht seine Würde, und so nur steht er vielfach jenseits des Gesetzes –.«

»Jenseits des Gesetzes, wie kann das sein?« Dies war eine von mir nur zum Schein gestellte Frage, ein unschuldiger Vorwand, um etliche Sekunden stehen bleiben zu können; denn ach, schon eilten wir an der Klippe des glückhaften Fischfangs vorüber.

Es bedeutet, daß ihm Pflicht sein kann, was jedem andern Frevel wäre! Die Wesen werden gläsern vor ihm. Er muß die Scham verlernen, die das Antlitz der Völker jung erhält; ungestraft legt er die empfindlichen Einrichtungen des Leibes bloß. Er öffnet die Adern, in denen die Ströme des Lebens wechseln, und die fromm zugedrückten Augenlider der Toten hebt er noch einmal auf.« –

»O warum tut er das?« Diese neue Frage mochte ein wenig verzweifelt geklungen haben; der Vater mäßigte seinen Gang und faßte mich scharf ins Auge. Schon pfiff ganz nah die Eisenbahn; gleich mußten wir den Uferpfad verlassen und zur Landstraße hinüberbiegen.

»Darüber sprechen wir wohl ein ander Mal. Dort ins Wasser schau hinab – dicht bei den Steinen wie sonderbar –.«

Ich folgte seinem Blick. Eine Natter schwamm im Strome, das Köpfchen über den Wasserspiegel haltend, rasch und sicher, und ich sah sie ohne Grauen, so heimisch geworden war ich schon in dieser Landschaft, wo einer nie wußte, wie tief geschwisterlich ihn das Fremdeste plötzlich anrühren konnte. Und lieblich war es mir, zu denken, daß diese Schlange die nämliche sei, die täglich den alten Hof besuchte. Da reiste sie hin, goldgelb gekrönt, wer weiß mit welchen Botschaften beladen, und trug doch das Bild des grauen Hauses im Herzen und bedachte die weiße Spende des Mittags. Viele Fische sonnten sich mit blinkenden Flanken längs dem Strand, und dann und wann sprang einer blitzend in die Luft. Nahe den Kachletfelsen aber erglänzte der Stern des hilfebringenden Schiffs, und eben verließen auf Zillen die letzten der barmherzigen Frauen den schwarzen Schlepper, in dem der kleine Genesende, der künftige Meerfahrer, bei seiner grünen Pflanze schlief. Immer wieder zurückschauend, hatten wir unversehens die gefürchtete Grenze überschritten, und als ichs bemerkte, war der schmerzliche Unterschied bereits ein wenig ausgeglichen; etwas Vermählendes lag in der Luft, und jeder Stein, jeder Vogel wurde köstliche Mitgift. Ja, es war und blieb alles der nämliche Boden, das nämliche Licht, ein herzliches Zueinandergehören auf dem festlichen Strande des Daseins.

Unklare Bemühungen

Ein junger Mensch mag noch so gesondert, noch so naturbeglückt heranwachsen; das ungeduldige Auge der Zeit richtet sich doch auf ihn. Alles Öffentliche, meint er, gehe ihn nichts an; dabei wird er Stund um Stunde heimlich von ihm geprägt. Eines Tages entdeckt es jeder, der eine mit Stolz und Zuversicht, der andere mit Befremdung und Vorbehalt. Unsere Entwicklungen fielen in eine scheinbar beruhigte Epoche; wenige Jahre vor unserem Erwachen war das Reich gegründet worden, das größte Heer der Erde schützte es, deutsche Schiffe fuhren auf allen Ozeanen, und wer leidlich klug, fleißig und nicht ganz arm geboren war, brauchte sich wegen seiner Zukunft nicht zu ängstigen. Über die Zeit hinauszublicken, war keinem von uns gegeben, obgleich wir alle wichtigen Daten der Geschichte auswendig wußten; einer wunderlichen Täuschung erlagen die Kleinen wie die Großen. Wir glaubten nämlich, daß alles bisher auf Erden Geschehene, Eis- und Flutzeiten, Erdbeben, Heilandsopferungen und Erfindungen, auch alle großen Aufbrüche, Kriege und Empörungen der Völker, durchaus nichts anderes bezweckt habe, als den gemütlichen Zustand herbeizuführen, in welchem wir gerade dahinlebten und den wir für unabänderlich hielten. In fertigem Staat und fertiger Kirche lebten wir wohlgeborgen, und doch war uns nicht immer wohl dabei; denn war es denn dies, was wir wollten: geborgen sein? Was edlere Jugend, ob reich oder arm, sich im stillen wünscht, ist entweder dämonisches Eigengeschick oder die Mitwirkung an etwas Gewaltigem, das außerhalb ihrer liegt. Aufbauen möchte sie oder ein Gefährdetes retten; in jedem Falle will sie Opfer bringen. Von uns wurde nichts dergleichen verlangt; wir lebten mitten in Erfüllungen, unsere Lehrer sagten es, und andere Stimmen der Gegenwart erreichten uns nicht. So war es unsere Gefahr, aus Mangel an wahrer gemeinsamer Not genießerisch hinzukümmern oder ins Phantastische zu flüchten.

Aber auch in stockenden Zeiten ist Jugend jung und schaut nach Beginnlichem aus.

Der reifende Knabe, der hier manchen andern vertritt, kann über seinem Alltag jenes abgelegene waldumhangene Tal nicht vergessen; ja nach und nach wird es ihm als mächtige Gegenwelt so wunderbar, als läge es im allerfernsten Osten. Die kindliche Herrin verwaltet für ihn den mystischen Boden, aus dessen Schätzen er immer wieder die unvollkommene Gegenwart ergänzt. Und dieser Strom, dieser Strand verwandeln sich immerfort; bald erscheinen sie griechisch, bald biblisch, bald altertümlich wie die Landschaft einer Legende, bald so zukünftig, als reifte ihr erst von ferneher ein Schicksal zu. Zuweilen ist das Mädchen gar nicht mehr zugegen, vielleicht fortgegangen, um Verwandte zu besuchen, die auf hohen Bergen wohnen; dann ist alles ernst und anders, es tönt heiliges Wort aus verrufenen Höhlen, und Wanderer, weithergesandte, kühlen sich unter der großen Eiche. Der stille Ruhm des herrlichen Baums ist in die Länder gedrungen; die seltensten Vögel rauschen vom Himmel, um eine Nacht lang in der breiten Krone zu schlafen.

War dies alles auch nur Traumgut, es wirkte doch ins Leben! Eine Fähigkeit entwickelte sich, die Ereignisse des Tags gewissermaßen an jenem entlegenen Zauberstrand zu prüfen, und sogar die höchsten Personen wie Bismarck, Prinzregent und Kaiser mußten sich daraufhin beobachten lassen, ob sie das dortige Klima vertrügen. Dabei bestand niemand besser als der alte Kanzler. Die grauen vögelumschwirrten Klippen ging er entlang, als wären sie ihm längst vertraut, er ruhte mit uns am Mittag unter dem Eichbaum und wechselte vertrauliche Worte mit der klugen, blauschimmernden Schlange.

An mich selbst stellte diese zarte Phantasiewelt keine Forderungen; sie beglückte mich und ließ mich im übrigen, wie ich war. Die einzigen, die sich mit erschütterndem Ruf an die Grundenergien des Herzens wandten, das waren die großen toten Dichter des Vaterlandes; aber wir hatten auf diese Rufe nichts zu erwidern als gleichfalls Gedichte, und dies konnten begreiflicherweise nur Nachahmungen sein. Von den Menschen meiner Umgebung hörte eigentlich niemand auf sie; ihnen allen, auch den Eltern, war Dichtung nur eine Zierde des Daseins, die man einander manchmal in Zitaten zeigte, keineswegs die Flamme, die aus dem Leben emporschlägt, um es dann selber zu ergreifen, zu läutern und umzuschmelzen. Wir merkten dies, wenn gewisse Lehrer von Goethe sprachen. Einem jungen, mit Schmissen geschmückten Professor schien er durch Viktor von Scheffel aufs glücklichste überwunden und ersetzt, ein anderer meinte, er habe es als wohlhabender Mann gerade nicht schwer gehabt, einiges zu leisten, ein dritter, ein älterer Sonderling, machte es ihm zu großem Vorwurf, daß er nicht wie Hölderlin wahnsinnig geworden sei oder sich, wie Kleist, erschossen habe, anstatt ein langes Alter mit so konfusem Geschreibsel wie dem zweiten Faust zu vergeuden.

Weder von Eltern noch von Vorgesetzten bekamen wir über jenen Einmaligen etwas Richtiges zu hören; vielmehr war es Heinrich Heß, künftiger Jurist, ein freundlich ernster, immer vornehm grau gekleideter Schüler der Oberklasse, der uns die Augen öffnete. Der Wortlaut seiner Sätze ist mir nicht im Sinn geblieben; stark auf mich selbst bedacht, zog ich mir jedenfalls daraus die Lehre, daß es auf äußere Glücksumstände nicht so sehr ankomme, daß man nur immer klar, wach und gesammelt zu leben brauchte, um nach und nach das ganze Glück der Welt in sich hereinzuleiten. Ähnliches hatten wir wohl bereits von Kathedern und Kanzeln vernommen; aber Heß hatte eine so weltlich-unterhaltliche Art, seine Weisheit vorzutragen, daß man glaubte, sie ließe sich nun unmittelbar auf das eigene Leben anwenden. Mir wenigstens kam dies ungemein leicht vor, so leicht, daß ich vorerst lieber gar nicht damit anfing, sondern es von einem Tage zum andern verschob.

Es genügte mir einstweilen, Goethes Verse fleißig nachzuahmen; aber schon daher erfuhr ich eine Wirkung. Es war, als hätte ich ein feines nachhaltiges Heilgift in mich aufgenommen, und dieses verlieh mir eine Leichtheit, einen Drang nach oben, die unserem schwerblütigen Stamme sonst fehlen. Ein geistiges Pilokarpin trieb das Blut geschwinder durch die Zellen; die Flügel, die sich das Kind gewünscht hatte, die Zauberworte, die der sterbende Magier ihm schuldig geblieben war, hier glaubte ich sie erreicht. Ja, sie mußten mir sogar den Tanz ersetzen, dessen Erlernung uns der ängstlich-strenge Leiter des Gymnasiums verbot. Ein großes mildes Licht hing über der Erde, und immer wieder trat man gern davor und freute sich des hübschen farbigen Schattens, den man warf.

So macht sichs Jugend bald leicht, bald schwer; sie weiß ja nicht, wieviel sie schon damit leistet, daß sie sich ihre Sehnsucht bewahrt.

Das Nachgeborenenschicksal, das auf der Zeit lag, hatte für uns katholisch erzogene Söhne eine sonderliche Beschwerung. Alle höchsten Dichter und Künder, für die wir uns begeisterten, alle großen deutschen Staatenformer und Heerführer des Jahrhunderts waren Protestanten gewesen, und es gab Leute, die mit bitterer, selbstquälerischer Schadenfreude dieses nicht zu Leugnende hervorhoben. Sie taten so, als brauchten sie nur die Konfession zu wechseln, um sogleich Goethes und Große Friedrichs zu werden. Ja deutlich gaben sie zu verstehen, unsere katholische Welt habe sich erschöpft, keine reine Beglückung der Menschheit sei mehr von ihr zu hoffen, kein wahrhaft freier Geist vermöge mehr in ihr zu atmen, höchstens zum Heiligen könne man es allenfalls noch in ihr bringen. Das letzte war als Hohn gemeint, und wer es hörte, lachte dazu; mir aber klang es doch ein wenig tröstlich, und wie man sich eine rare Sache, wenn man sie auch im Augenblick nicht benötigt, für alle Fälle doch gut aufbewahren möchte, so legte ich mir die wunderbare Möglichkeit zu späterer Verwendung zurück.

Im übrigen empfanden wir jene Herabredereien als ungerecht, hatten ihnen aber wenig entgegenzuhalten. Einwände wären wohl nahe gelegen; aber niemand fand sie. Daß die Reformation doch noch gar nicht weit zurücklag, daß Läufe glühenden katholischen Lebens vorausgegangen sein mußten, damit Wesenheiten wie Goethe oder Schiller überhaupt erscheinen konnten, dies und vieles andere, wer bedachte es? Als echte Kinder der Zeit hatten wir wenig Witterung für heimliche Ströme; nur das aufdringlich Sichtbare galt uns. Manches zuckte freilich durchs Gefühl, wofür die Einsicht fehlte, und in feierlichen Domstunden, bei Orgelsturm und hymnus angelicus, wenn hundertfach auf bekränzten Altären das lautere Wachs der seelenhaften Bienen brannte, sah ich wohl eine firmamentweite Kirche, die auch einen freischwingenden Geist wie Goethe leicht in sich einschloß; aber dies bleibt ja seliges Recht aller Jugend, ein Eingefühl der Menschheit vorzuträumen, zu welchem diese nur nach ungeheuren Leiden, ja vielleicht erst im Angesichte des Untergangs gelangen kann.

Jesus, die große Sonne, kommt keinem abhanden, den sein Strahl einmal durchleuchtet hat. Man kann ihn vergessen, man kann ihn abschwören, das ändert nichts; er ist vergraben im umwölktesten Herzen, und es kann stündlich geschehen, daß er aufersteht. Gegen die Kirche aber wirkte das Gift jener Totsagungen doch. Wir wurden scharfsichtig für die Schwächen einzelner Priester und scheinfrommer Laien, Unsicherheit schuf Erkaltung, und während wir uns bereits vor manchem Götzen der Zeit zu beugen begannen, entzogen wir uns der ehrwürdigen Norm, der wir den schönsten, innigsten, gültigsten Bestand unserer Kindheit verdankten. Zwar blieb das große, rundwandelnde Kirchenjahr für immer die Himmelsuhr unseres Daseins; aber öfters, wenn ich nun durch die farbenreiche Durchsichtigkeit biblischer Geschichten frei zum Ewigen hinwollte, fühlte ich mich angehalten wie die Schwalbe, die gegen ein herrlich bemaltes Glasfenster stößt. So kam ich mir bald wie ein berufenes, bald wie ein ganz mißglücktes Wesen vor, das Leben geriet in ein sonderbares Aufundab, und weder Goethe noch die ferne Herrin des magischen Tals konnte mich vor diesem Wechselfieber bewahren.

Entstanden Verse, so hatte ich eine gute Zeit. Schon daß ich die angeborene sprachliche Schwerfälligkeit überwand und, echte Dichter nachahmend, ein freies Du zu Stern und Rose wagte, erhob mich vor mir selbst, mochten die Reime so schlecht sein, wie sie wollten. Wer ein Licht in der Hand zu tragen glaubt, wird von selber behutsam gehen, um so behutsamer, je dürftiger es brennt. Ich nahm mich dann in meiner Führung zusammen, hütete mich, meine Lehrer zu ärgern, und sorgte mich nicht um das Heil meiner Seele. Unausbleiblich aber kamen immer wieder die Wochen der Windstille, da keine Strophe, kein Vers gelang; dann änderte sich mein Betragen. Ohne Halt, soweit es die Schulschranke zuließ, gab ich mich jeder Neigung hin, fahndete nach verbotenen Büchern und versuchte, eine Weile nach ihnen zu leben, bis auf einmal wieder die Ernüchterung kam. Dann griff ich zur Philothea des heiligen Franz von Sales, die mich durch so manches Jahr begleitet hatte, und eines Morgens, beim Aufwachen, erkannte ich mit voller Klarheit, daß ich, genau genommen, eben doch zum Heiligen berufen sei.

Die Schwierigkeiten einer Sache zu verkennen, war ich immer sehr geneigt. Schon Eva hatte den beginnenden Turner mahnen müssen, das letzte nicht etwa zuerst machen zu wollen; sie kannte ihren leichtfertigen Freund, und leider hatte sich dieser nach vielen schlimmen Erfahrungen nicht gebessert, sondern glaubte, die großen Wandlungen der Seele ließen sich von außen her erzwingen oder gar erschleichen.

Von der sechsten Klasse an besuchten das Gymnasium Schüler, die bereits im Kloster der Franziskaner eingekleidet waren; paarweise gingen täglich die braun und rauh gewandeten Mönchlein in Sandalen zum Unterricht. Es waren meist fleißige Knaben, die sich auf keinen Streit einließen, dabei treffliche

Kameraden, die niemand verklagten und viel Spaß verstanden, wenn sie sich auch von verwegenen Taten zurückhielten. Bisher hate ich mich nicht gerade viel um sie gekümmert; jetzt aber näherte ich mich ihnen, um sie auszuforschen. Wie nämlich geizige Kranke, die teure Konsultation vermeidend, einen befreundeten Arzt so nebenher am Biertisch nach dieser und jener Heilmethode fragen, so wünschte ich abseits, mit Umgehung der Kirche, meinen Zweck zu erreichen und bei den freundlichen Novizen das für mich Wichtige zu erkunden. Bald war ich auch darüber belehrt, daß ihr Leben in der Tat unvergleichlich viel strenger und entsagender war als das meinige, und nun begannen die ungeordneten Bemühungen, die so wenig über ihre Anfänge hinausgelangten wie jene frühen kindlichen, die mich schließlich einige Streifchen meiner Haut gekostet hatten.

Zwei Dingen hatte ich vor allem zu mißtrauen, wenn ich vergleichend an unsere Franziskusjünger dachte. Das eine war der viel zu üppige Tisch, den mir das Haus Hilgärtner gewährte, das andere meine schwatzhafte Ausgelassenheit, die schon ein Schluck Wein oder Bier ins Maßlose treiben konnte, wo sie dann meistens in die Gegenstimmung umschlug und mit allerlei Verfehlungen endete. An diesen beiden Punkten glaubte ich einsetzen zu müssen; doch leider zeigte sich gleich das nicht ganz Echte meiner Bestrebung. In einem Erbauungsbuch war gestanden, es gebe kein besseres Mittel zur Schärfung der Geisteskräfte als Hungern und Schweigen; ja, wie man den bitteren Mandelbaum in einen süßen umwandeln könne, sobald man ihm einen Teil seiner Säfte entzöge, so würden dem Fastenden gar bald Gesichte und Verzückungen zuteil, von denen sich der satte Mensch nichts träumen lasse. Dieser Nebengewinn lockte sehr, und es bleibt die Frage, ob er mir nicht unmerklich zur Hauptsache wurde. Jedenfalls wollte ich mir künftig bei der Mahlzeit nur noch ein dünnes Schnittchen Fleisch zuteilen lassen, Torten und Kuchen entbehren, geistige Getränke aber wie tötendes Gift zurückweisen. – ›Wach und gesammelt‹, die zwei Zauberworte, von Heinrich Heß übernommen, wurden meine heimliche Schutzformel, und wenn ich die geringste Versuchung von weitem witterte, raunte ich sie mir zu. Mehrere Tage lang glückte das Entsagen, wenn auch nicht ganz im vorgesetzten Maß; doch hätte mir auffallen sollen, daß mich jetzt weit mehr sündhafte Wünsche besuchten als sonst. Aber schon begann ich meiner Umgebung absonderlich vorzukommen, und die erste, die mich aus ihrer eigenen leidend-frommen Natur heraus erriet, das war die Frau des Professors. Statt aber zu mir zu halten, leistete sie den heftigsten Widerstand, und von nun an zeigte sich das ganze Haus Hilgärtner wider meinen Vorsatz verschworen. Sogar Line, die nonnenhafte Magd, von der ich dies nicht erwartet hätte, verleugnete ihre eigenen Grundsätze und suchte mir schon am andern Tage, tückisch umherlächelnd, die fettesten, knusprigsten Bratenstücke auf den Teller zu spielen. Immer war mir diese Person zuwider gewesen, und wie sehr bewährte sich nun meine Menschenkenntnis! ›Ganz allein will es heilig werden und Visionen haben, das Nachtgespenst‹, sagte ich mir und bestärkte mich im Haß. Aber jegliches Mittel hielt man mir gegenüber für erlaubt. Wurde mir schon die freiwillige Karenz als Verschmähung der Hilgärtnerschen Küche ausgelegt, so stellte man sich geradezu erbittert, als ich am Namenstag der Hausfrau die Hand über mein Weinglas hielt, um das Einschenken zu verhindern. Erst recht stieß der Professor immer wieder auf das Wohl seiner Gattin an; er möchte denn doch sehen, sagte er, ob ich wirklich undankbar und stöckisch genug wäre, meine gute Pflegemutter zu beleidigen; und als er mich schwach werden sah, verwirrte er mir noch vollends mit Sprüchen des Horaz die Seele.

Daß die Widersacher sich sogar hinter Hugo steckten, damit er mich um meine Absicht brächte, mußte ich vermuten; denn er war über meinen Zustand verdächtig gut unterrichtet, und schon beschloß ich, ihm aus dem Wege zu gehen; doch dann kam alles anders, die falsche Bemühung hatte sich selbst untergraben, und als ich in dem jähen Zusammenbruch alles dem Freund verriet und alles aufgab, er aber mich dafür von seinem Innersten her besprach und belehrte, da war dies ein wichtiger Tag, an welchem viel Unwahres abfiel.

Wir waren nach der Schule eine Strecke zusammen gegangen; dabei lud er mich auf eine Viertelstunde zu sich ein. Der Tag war kühl, und um Feuerung zu sparen, hatte sich die Stubenwirtin in sein Zimmer gesetzt. Strümpfe stopfend, saß die nervenzittrige Frau bei rötlich blühenden Primeln am Fenster, und weil sie selbst von Herzen gesellig war, so kam sie gar nicht auf den Gedanken, daß ihre Anwesenheit uns lästig fallen könnte. So blieb uns fürs erste nichts übrig, als den Mörderdialog zu sprechen, eine längst für solchen Zweck erfundene und eingeübte Unterredung, die mir freilich im Augenblick nicht willkommen war, da sie meinen mühsam erworbenen Ernst gefährdete. – ›Wach und gesammelt‹, rief ich mir noch im Geiste zu, während schon der Freund gedämpften Tons erklärte, er werde sogleich Märzenbier und Nußtorte bringen, und ich solle mich nur ja nicht zieren, der Vorrat sei unbegrenzt. Auf dieses Merkwort hin hatte ich zu fragen, ob er denn das Große Los gewonnen habe, und an ihm war es nun, voll Bedauern mitzuteilen, die Entscheidung sei gefallen, er habe nun doch den Herrn Kommerzienrat Kohlendorfer umbringen müssen, nicht ganz ohne Roheit, leider, sei es abgegangen, der edle Patrizier habe verzweifelt geschrieen und nur mit einigen Zügen Chloroform sich beruhigen lassen. Eine Sünde sei es wohl; aber er werde gelegentlich Buße tun, und Geld hätten wir nun für dieses Jahr genug.

Die gute Witwe lachte bei diesen Eröffnungen laut hinaus, geriet aber doch in ein gelindes Gliederbeben, und als Hugo noch mehr Einzelheiten der Tat zum besten gab, da bat sie uns inständig, dergleichen Witze doch lieber zu lassen und sie nicht einem gefährlichen Anfall auszusetzen. Wir taten rücksichtsvoll, indem wir das Gespräch nur noch flüsternd, die Hand am Munde, fortsetzten, wodurch es an Schauerlichkeit nicht verlor. – »Wo hast du die Leiche versteckt?« hatte ich endlich zu zischen, und

»schweig!« fauchte Hugo, verzerrten Gesichts nach seinem Kleiderschrank schielend, aus dem auf einmal, gramvoll nasal und lange hingezogen das Wort »Mörder« hervortönte. Nun war es der alten Frau zuviel, und bald war unser Alleinsein gesichert. Der Freund ging ihr tröstend nach und labte sie draußen mit Torte und Bier, die in der Tat vorhanden waren; dann aber nahte er auch mir mit den beiden Köstlichkeiten, denen ich noch niemals hatte widerstehen können. ›Wach und gesammelt‹, vermahnte ich mich noch einmal und wollte mich mit einem nur ganz kleinen Schluck zur Enthaltung bestärken; aber kaum versucht, schon verführt, so ging es jetzt, und nach dem ersten zaghaften Schritt ins Verbotene gab es kein Stehenbleiben mehr. Unschuldig blickend, füllte mein Wirt in Eile das rasch geleerte Gefäß, und als ich dann, alle Gelübde vergessend, meinen Mund nicht mehr hielt und meine verborgenen Absichten redselig darlegte, widersprach der Kluge nicht, sondern blieb teilnehmend still, entnahm sein eigenes, wertvoll altes Trinkglas dem Kasten, in welchem noch eben die Leiche gerufen, schenkte sich ein und trank mir öfters mit verschmitzt-ehrfürchtiger Gebärde zu.

»Aber jetzt ist alles verspielt, alles verscherzt«, schrie ich auf einmal und griff rasend nach dem Bierglas. »Zu Tode schämen muß ich mich, sooft mir unsere Franziskanerbrüderchen begegnen!«

»Keineswegs! Die habens ja leichter als du.«

»Leichter als ich? Ein guter Witz.«

»Kein Witz, mein Lieber! Sie fasten und schweigen gemeinsam in einem kahlen Saal, getrennt vom genießenden Pöbel; du aber standest allein gegen die ganze Welt.«

Ich fühlte die Betrunkenheit über mir zusammenschlagen und gab mich völlig preis, nur noch von Hugo mein Heil erwartend. Dieser verhielt sich still und besonnen, setzte sich auch dem starken Getränk nicht in dem Grade aus wie ich, und so ward ihm auch nur die leicht belebende Wirkung zuteil; sein ganzes Wesen klärte sich auf, und er hielt mir eine kurze, merkwürdige Rede, in der wohl etwas längst Angesammeltes hervorbrach, ward auch nicht ungehalten, wenn ich ihm ab und zu bei sehr ernsten Stellen lachend zutrank.

»Ja, manches hätte man lieber nicht erlebt«, begann er; »gern möchte man von vorn anfangen, möchte ein anderer werden, ich kenne das. Durch Leidenwollen soll es da und dort einer erreicht haben; wohl möglich. Ich selbst habe dies nie versucht, bin ohnedies ein Lazarus, doch das ist ein Kapitel für sich. Dein Weg aber ist es auf keinen Fall, glaube mir! Trinken mußt du das Gebräu des Lebens, wie sichs dir mischt, ohne Furcht vor Vergiftungen, mußt aber auch vom Gestirn etwas wissen –.«

»Ja, trinken, das muß ich, und gut ist es gemischt.« Ich erhob mein Glas und stieß damit so hart an Hugos schönen Becher, daß oben feinklingend ein Stückchen absprang. Es war ein Empireglas mit zierlich eingeätzten Tierfiguren und Korngarben in hohen Ovalen, ein Vermächtnis, an welchem sein Herz hing, ich wußte es und war im Nu ernüchtert. Ohne wieder getrunken zu haben, setzte ich mein Gefäß auf den Tisch. Er war sehr bleich geworden, nahm den Splitter, spielte eine Weile schweigend mit ihm und fuhr dann drohend fort:

»So will es dein Firmament. Fügst du dich ihm, so wird alles gut gehen; du kommst leidlich durch. Willst du aber dem Leben aus dem Wege schleichen, den Weltflüchtling spielen oder dich etwa gar zum Heiligen aufwerfen, dann wehe dir! In Höllen wirst du hinuntergezogen –.«

»Aber die Philothea lieb ich doch sehr«, warf ich ein, um nur etwas zu sagen, »himmlische Sätze stehen darin.«

Der Freund schien dies gar nicht zu hören.

Eine kindlich zaghafte Hand begann in der Wohnung über uns Klavier zu üben, brach aber gleich wieder ab, und nun war eine tiefere Tonart angegeben, die sich dem Sprechenden sanft mitteilte:

»Das große Leben bestehen und über sich dabei die Sterne fühlen, das ists, worauf es ankommt; ich wenigstens will nicht fromm daniederliegen! Wie manche haben sich in den körperlich leidenden Jesus verwandelt, einige so gewaltig, daß ihnen Blut aus Haupt und Händen brach ihr Leben lang. Das ist wunderbar; es zeigt, wie stark solch eine heilig liebeskranke Seele sein kann. Den Auferstandenen aber, den verklärten Segner jeder echten Geistes- und Liebestat, wer kennt ihn, wer hält es mit ihm?«

Neu, ja unerhört war für mich eine solche Wendung, und daß ein immer Leidender auf sie verfiel, einer, der schwer atmete, einer, dem von Kindheit an Wirbel, Rippen und Brustorgane verunstaltet waren, dies hatte etwas Ergreifendes; mir war nicht mehr möglich, still dazusitzen; ich stand auf und ging zwischen Tür und Fenster auf und ab.

»Der Schmetterling, der leuchtende, kann er wollen, daß wir immer wieder in die hilflose, tierfarbene Puppe schlüpfen, aus der er längst ausgeflogen ist?«

Mit diesem Wort erhob sich der Freund; wir nahmen unsere Mäntel und verließen das abendliche Zimmer. Ein verspätetes, nachösterliches Gestöber strich über die Stadt und ihre schon ergrünten Gärten, von sinkender Sonne durchatmet. Keiner hatte mehr viel zu sprechen. Hugo pfiff leise vor sich hin wie immer, wenn er sehr aufgeräumt wurde; ja, mit zunehmender Dunkelheit kam sogar seine heimliche Pucknatur hervor, und als wir über den Jodoksplatz gingen, enthielt er sich nicht, einige Mägde, die sich beim Bierholen verplauderten, bauchredend wie von fernher mit strengem Anruf zu erschrecken.

Mich aber erregten seine Worte noch spät in einsamer Lampenstunde. Während ich zu ahnen begann, wieviel er in den vorausgehenden Wochen in sich verarbeitet haben mußte, um zu solchen Ansichten zu gelangen, versetzte ich mich wieder einmal traumhaft an meinen fernen Zauberstand, um von dorther womöglich alles besser zu verstehen, kam jedoch über halbklare Bilder und Gefühle nicht hinaus. Ein kleines Gedicht entwickelte sich noch dabei, von dem leider nur die letzte Strophe wiederherstellbar ist:

Und hell von allen Ufern klang
Des höchsten Geistes Ruf,
Der uns aus Todes-Überschwang
Die Welt voll Freuden schuf.

Das Pfingstfest brachte einen kurzen Urlaub; er wurde zu Kading, im Hause der Heilungen, verbracht. Hier lag der alte feste Schimmer von Beständigkeit über Möbeln und Sachen; die erhaltenden Hände der Mutter nahmen sich des geringsten Dinges an. Man hatte nicht einmal mein Zauber-Erbe beseitigt; mit Goldpapier umwickelt moderten Stab und Seidenblumen in ihrer Lade. Ja, als ich einmal auf dem Dachboden Bücher suchte, grüßte mich aus einem schmalen Kistchen sogar der tote Arm mit seiner Mumienhand; man hatte also schließlich doch vergessen, ihn in der geweihten Erde zu bestatten. Daß er aber Fluch über das Haus gebracht habe, wie jene Magd befürchtete, durfte niemand behaupten; die Wirkungen des Vaters waren im Zunehmen, und öfters trafen Briefe von entfernten Kollegen ein, die seine Erfahrungen bestätigten. Auch mir war seine Nähe wie immer heilsam; sie nahm den inneren Zwisten ihr Gewicht. Wer nämlich mit ihm verkehrte, der mußte sich einer bündigen, sachlichen Sprache bedienen; halbdunkle, bedeutsam klingende Worte, wie sie den Menschen der Städte so leicht von den Lippen gehen, wurden in seiner Nähe unbefriedigend, man wäre sich damit vorgekommen wie ein Schwimmer, der doch lieber den Korkgürtel anlegt, bevor er ins Wasser geht. Im übrigen ließ er mich meine Wege gehen und verargte es mir nicht, daß ich mich gegen Krankheiten und Genesungsmittel seit einiger Zeit recht gleichgültig verhielt. Er selbst lebte stärker als jemals in der Ausbildung seines neuen Verfahrens, und nur insofern verließ er ein wenig den Boden der Wirklichkeit, als er immer öfter vergaß, die täglichen Krankenbesuche in sein Geschäftsbuch einzutragen und Rechnungen zu schreiben.

Zum Glück wachte die Mutter; ohne sie hätten wir bald schmale Bissen gegessen.

Was mir in jenen freien Tagen auffiel, das war die viel fröhlicher gewordene Grundstimmung des Hauses. Die das bewirkte, war die kleine Schwester, von mir Davida genannt, weil sie mit früh geübtem Zitherspiel und kindlichem Gesang die mütterlichen Schwermutsgeister kräftiger verscheuchte als ich dereinst mit meinen altklugen Mahnungen. Eine tüchtige, lebensfrohe Ahnin schwäbisch-holländischen Blutes hatte in ihr die blauen Augen wieder aufgeschlagen, und lustig und beharrlich wußte das Kind alle seine Wünsche durchzusetzen. Singsang war das Leben der Kleinen, und wenn sie gerade ihren Tag hatte, konnte man keine noch so vernünftige Frage an sie richten, ohne eine gesungene Antwort zu erhalten. Das leider musiklose Haus hatte ihr weder Liedertexte noch Melodien geliefert; so blieb sie immer auf Kirchen- und Schulgesänglein angewiesen. Einen Verse machenden Bruder zu haben, war nun für sie der großartigste Spaß; kaum hatte sie sich einiger Blättchen bemächtigt, da fand sie auch schon heraus, daß diese kurzen Strophen, die ja mit keinem sonderlichen Inhalt beschwert waren, in jegliche Melodie leicht eingingen, und gleich erdachte sie sich eine Überraschung.

Am Pfingstsonntag nach dem Hochamt hielt sie ihre Übungsstunden in der Wilden-Wein-Laube des Gartens, während ich mit Reisinger zwischen den Blumenbeeten auf und ab ging. Der einstige Gegner stand wegen eines arbeitsverletzten Fingers beim Vater in Behandlung; eben war er verbunden worden und auf dem Rückweg in den Garten eingetreten. Ein vortrefflicher Kunstschreiner war aus ihm geworden; er führte das Geschäft nahezu allein. In dunkelblauem, nagelneuem Anzug, die brennende Zigarre in der mullverhüllten Hand, sah er wahrhaft nobel aus; etwas gelassen Männliches war in seine Züge gekommen, die Augen aber blickten offener und fast knabenhafter als in der Schulzeit. Errötend bekannte er, daß er auch schon eine Braut habe, eine kolossal gebildete Lehrerstochter aus Dingolfing, und daß sie schon im nächsten Jahre heiraten wollten. Nicht ohne Bedrückung hörte ich ihn von den schönen Schränken, Schreibtischen, Bettstätten und Uhrgehäusen erzählen, die er bereits gemacht und gut bezahlt bekommen habe; gab es doch keinerlei sichtbare Leistung, die ich solchen Herrlichkeiten an die Seite zu setzen hatte. In der Laube ließ Davida eine Andachtsweise um die andere erschallen; doch kamen mir die Texte plötzlich sehr betont und wundersam bekannt vor, und bald gab es keine Täuschung mehr: die Listige sang, ohne die kirchenfromme Melodie zu ändern, meine eigenen Verse, als wärens die gediegensten Gebete. Wir gingen dicht an die Laube heran, und nun wurde auch der Tischler aufmerksam; lauschend und lächelnd meinte er, das wären sicherlich ganz neue Marienlieder für die Maiandacht, seiner Lebtage habe er keine so hübschen gehört. Aber da verstummten Spiel und Sang; hell auflachend brach die Kleine aus dem wilden Wein hervor, umstürmte tanzend ein rundes Beet, riß Löwenmaulblüten ab und hielt sie uns vors Gesicht, indem sie ihnen den Hals zudrückte, so daß die rotsamtenen goldbestaubten Kiefer sich wie erstickend gegen uns aufsperrten, warf sie wieder fort und konnte sich vom Lachen nicht erholen. Reisinger verlor vor Staunen die Zigarre, als er nun das Wirkliche erfuhr. – »So ferm im Dichten bist du also jetzt. Ja, wenn man halt studiert.« – Als ich ihm aber mit einiger Übertreibung erklärte, daß es mir hundertmal lieber wäre, einen Schreibtisch machen zu können als derartige Reimereien, da hörte er dies gern.

»Gib einmal acht«, sagte er, »wenn du bei meinem Fräulein Braut Ehre einlegen willst, so spekulierst du ihr zur Hochzeit so ein Reimding zusammen, und lumpen laß ich mich nicht; ich stelle dir dafür ein Bücherregal her oder eine feine polierte Schatulle, was dir lieber ist!« – Wir einigten uns auf drei Seiten Gedicht und ein mittelgroßes Regal. Schwerlich ahnte er, mit welcher Genugtuung ich es aufnahm, daß ein Mensch, der Tische und Schränke schuf, in meinen Versbemühungen einen Gegenwert erblickte, wenn auch vielleicht nur so, wie wir als

Kinder jene bunt gesprenkelten Bohnen an Stelle wirklicher Münzen gelten ließen, und so war jeder im stillen froh, jeder zufrieden.

Gedicht und Leben

Nach achtjährigem Wandern von Schulzimmer zu Schulzimmer waren wir endlich in das neunte vorgedrungen, dessen innere Wand jene schönen Karten des nördlichen und südlichen Sternenhimmels bedeckten. Diese wurden jetzt auch in den Unterricht einbezogen, und nun war es fast Enttäuschung, daß sogar die Gestirne sich berechnen ließen. Ziffern und Formeln rieselten aus dem reinen Blau; und weil man den heiligen Sinn der Zahl noch verkannte, so glaubte man das Ewige bis hinter die Sonnen und Monde verlegen zu müssen.

Übrigens bereitete diese letzte Klasse des Gymnasiums weniger Mühe, als wir gefürchtet hatten; es war alles nur ein Zusammenhalten des kunstreichen Baues, damit nicht noch vor den Prüfungen etwas wegbröckle, das Neue aber kam einer edlen Unterhaltung gleich. Wegen schwerer Erkrankung des geistlichen Rates fielen überdies manche Stunden aus; der Schatten seines unabwendbaren Todes lag dämpfend über den älteren Professoren, und froh genossen wir die nachsichtige Stimmung, die sich daraus ergab. Man hatte Zeit; ich streifte viel in der Gegend umher und schrieb unzählige Gedichte, die ich Hugo vorlas wie immer. Es war das alte, von den Meistern übernommene Gereime, wie es auch die Lehrer übten; nur selten, gleichsam beim Danebengreifen, entstand ein etwas freierer Ton, den der Freund guthieß, wenn er mich auch warnte, häufig darein zu verfallen.

Was in der fernen Welt erklang, blieb uns nach wie vor verborgen. Dort hatte Nietzsche Seelen geweckt; schon entwarf Stefan George den Grundriß zu seiner goldenen Stadt; Loris, fast noch ein Knabe wie wir, sang den Tod des Tizian mit unvergänglicher Melodie, und Alfred Momberts glühender Adlergeist regte einsam dunkle Traumesschwingen; aber davon traf uns keine Kunde. Wir lebten wenig anders, als man hundert Jahre früher gelebt hatte, und nur manchmal, bei jähem, nächtlichem Erwachen, konnte einem zumute sein, als hörte man draußen die Dämonen, die Steine aus den Mauern unserer Häuser brachen.

Hugo kam selten zu mir; die Professorenluft, sagte er, vermehre sein Asthma; wir trafen uns meistens am Isarufer oder in seinem kleinen Zimmer. Seit dem Verlassen der Erziehungsanstalt war ihm übrigens das milde Klima der schönen Stadt erst voll zugute gekommen. Zwar änderte sich die Verkrümmung der Wirbelsäule nicht mehr, und das Wachstum war für immer stehen geblieben, aber die Lunge schien auszuheilen. In seinem Gesicht war damals kein Zug, der auf Leiden oder Welken deutete, und wer ihm in die graubraunen Augen sah, den grüßte ein zarter, höchst reizbarer, aber unverkümmerter und zuversichtlicher Geist. Ja, dieser Schwache setzte überall Kräfte in Bewegung; wer ihm nahte, wurde echter, und unmerklich lenkte er die Starken.

Wir hatten damals gerade wieder einmal allen Leidenschaftlichkeiten abgeschworen, und mein Vers gefiel sich im Orakelklang eines großartigen Über-dem-Leben-Stehens. Horaz, den Welt- und Naturklugen, oder Goethe, den Achtzigjährigen, nachahmend und, wenn möglich, überbietend, pflegte ich eine mild abschließende Sprüchekunst, die alle Himmel und Höllen durchblickt hat und nun, umringt von ehernen Bestätigungen, das unwiderrufliche Wort gelassen hinsetzt. Wer solch Gebaren als frühe Vergreisung rügen möchte, scheint mir übrigens zu irren; sind es doch immer gerade die Kinder, die sich gern als alte Leute verkleiden. Dann und wann endeten jene kurzen Gedichtchen auch mit spöttisch verurteilenden Wendungen, die selbst Hugo nicht verschonten. Seine planetengläubige Furcht vor dem Ungefähren, seine Scheu vor neuen Bekanntschaften, die unser nicht würdig sein möchten, hatten mich manchmal gereizt, obgleich sie mir im Grunde sehr lieb waren; jetzt gaben sie Stoff zu etlichen übertreibenden Knittelversen, die mir ein Zufall erhalten hat, und leider war ich unüberlegt und roh genug, sie ihm vorzulesen:

Wer gar zu streng sein Herz behütet,

Nur immer über Künftigem brütet,
Wird allerorts Verführung sehn,
Am schönsten Glück vorübergehn.
Zufallsbekanntschaft meidet er;
Nur Vorbedachtes leidet er;
Darf keine Seele zu lieben wagen,
Ohn erst Saturn und Mars zu fragen,
Und rennt, nach magischem Gesetz,
Endlich ins gröbste, plumpste Netz...

Erst vorlesend, merkte ich mit Schrecken, daß er das hochnäsige Geleier auf sich beziehen und sich verletzt fühlen müsse; gern hätte ich abgebrochen, fand aber, daß dadurch die Sache nur schlimmer würde, und las, nach forschem Beginn, verlegen zu Ende, wobei ich den Freund nicht anzublicken wagte.

»Das gröbste, plumpste Netz bist wohl du selbst«, sagte er.

»Es geht ja nicht auf dich, weit eher auf mich«, beeilte ich mich zu beteuern.

»Weiter! Ein anderes!« befahl er.

Hastig suchend, ging ich zu einem Bekenntnisgedicht über, worin die Strophe vorkam:

Nicht mehr zur Rechten blinzeln, nicht zur Linken,
Nur vorwärts schaun und schauend mich entfalten,
den glühendsten Stern in meinen Busen trinken,
Um ihn noch tiefer glühend zu gestalten...

»Was du doch immer mit deinem Busen hast!« fuhr der sonst so Höfliche brüsk dazwischen, und nun konnte ich mich nicht mehr täuschen: er war ernstlich verwundet und sann auf Vergeltung. Ich war zu jedem Einlenken bereit, konnte aber doch den Ausfall nicht hinnehmen und verwies auf den Faust, dem sich doch auch das Herz bang in seinem Busen klemme, hatte aber damit kein Glück.

»Zu Goethes Zeit mag das himmlisch geklungen haben; jetzt aber ist es ein abgegriffenes Wort, bei dem du dir nichts vorstellst, Nachäffung, – verstehst du?«

Leider wars ihm noch nicht genug der Trümpfe:

»Ich möchte wetten, du hast noch nie den Busen eines Mädchens gesehen; sonst würdest du dich hüten, immer von dem deinigen zu reden.«

»Du vielleicht?« fuhr es mir zornig heraus; doch lag mir viel daran, ihn nicht noch stärker zu erbittern, und so setzte ich vorsichtig hinzu: »Ist es denn etwas Besonderes damit?«

Er aber blieb unwirsch.

»Stellst du dich blöd, oder bist du's in der Tat? Und hast du geschlafen, als wir neulich von Phryne lasen, daß ganz Athen durch die Enthüllung ihres Busens verzaubert worden ist, so daß kein Richter mehr das Herz hatte, sie schuldig zu sprechen? Das ist nicht Legende, sondern Geschichte, mein Freund!«

»Übrigens ist schon etwas an deinen Versen«, fuhr er nach einer Pause freundlicher fort. »Nicht mehr zur Rechten blinzeln, nicht zur Linken, – tu es nur! Dir fehlt Erfahrung; gar zu eingekapselt bist du noch. Ein Erlebnis muß kommen, das dir die Schale sprengt!«

Er warf das wie Zucker in mich hinein, wartete aber nicht, bis dieser sich völlig auflöste, sondern sog emsig weiter und wunderte sich, daß ich noch immer etwas bitter schmeckte. Schließlich mußten wir beide lachen und redeten von anderem. Wir verließen das Haus und gingen über den Jodoksplatz. Es war hoher Frühling; um die weißrötlichen Apfelbäume klang ein ungeduldiges Gesumm, und verstreut in Beeten lagen die roten Scherben der Tulpenpokale. Kein rechtes Gespräch entwickelte sich mehr, und wir wollten uns gerade trennen, als Line, meines Professors Dienstmädchen, stumm grüßend vorüberging.

»Die hätte der Gerichtshof in Athen auch nicht schuldig gesprochen«, bemerkte Hugo nebenhin.

»Die schwarze Line? Was findest du an ihr? Sieh doch, wie sie zur Erde schaut, als hätte sie etwas verloren! So geht sie immer. Selten lacht sie, und wenn sie sich zu Weihnachten ein Kleid wünschen darf, wählt sie nur dunkle Stoffe; höchstens ein weißes

Rüschchen am Kragen erlaubt sie der Schneiderin anzubringen.«

»Trotzdem!« beharrte Hugo.

Und weißt du, auf was für unheimliche Weise sie zu uns gekommen ist?«

»O das möcht ich wohl hören. Vielleicht ist es mir gar nicht so unheimlich.«

»Nun, sie war längere Zeit stellenlos und betete eines Morgens inbrünstig zum heiligen Antonius um einen guten Platz. Bald klopft es; ein junger Priester tritt in ihre Kammer, fragt, ob es wahr sei, daß sie eine Herrschaft suche, und fordert sie auf, mit ihm zu kommen. Von der Isarlände führt er sie herein durch Alt- und Neustadt bis zu unserer Wohnung und zieht die Klingel. Die Frau Professor öffnet selber die Tür und ist sehr zufrieden, daß die Dienstmädchenangelegenheit sich so einfach regelt, nimmt auch Line gleich mit in das Wohnzimmer und fragt, wer ihr denn mitgeteilt habe, daß sie eine Hilfe brauche.

›Der Herr, der mich geführt hat‹, antwortet Line und blickt nach ihrem Begleiter um; von dem ist aber nichts mehr zu sehen. – ›Ach, Sie hatten einen Begleiter? Seltsam. Wie sah der Herr denn aus?‹ fragt unsere Dame. – ›O genau wie der junge Geistliche dort auf der Photographie!‹ ruft Line und deutet auf ein Porträt neben dem Spiegel. – ›Das ist nicht wohl möglich‹, erklärt nun die Frau Professor, ›das ist ja mein Bruder, und der ist heute vor einem Jahr gestorben.‹ – ›Doch, der wars und kein anderer‹, beharrt Line. – Was hältst du davon?«

»Das Traurigste ist, daß du den Unsinn so erzählst, als glaubtest du daran«, sagte Hugo, war aber ganz blaß geworden. – »Immerhin, es paßt zu ihr. Sie hat so was Jenseitiges, als wäre sie aus dem Fegefeuer durchgebrannt. Das fiel mir schon auf, als ich noch öfters in euere Wohnung kam. Immer hält sie den Kopf wie eine, die etwas hört. Andere Dienstmädchen verbreiten auch immer Küchengeruch; den aber nimmt sie nicht an. Schon von weitem riecht sie nach Weihrauch und Lilien.«

Ich ergriff die Gelegenheit, des Freundes feine Spürnase kräftig zu bewundern, was er nicht ungünstig aufzunehmen schien.

»Und wie gesagt, in Athen hätte man sie nicht verurteilt!« schloß er sehr entschieden.

Ich glaubte ihn zu verstehen, wünschte aber, mehr zu hören, und stellte mich ungehalten:

»Das wandelnde Requiem willst du mit Phryne vergleichen?«

»Ich weiß nicht, ob man ihr Gesicht geradezu schön heißen kann«, erläuterte er nun sehr sachlich, »aber sie hat Schönheit, in manchen Augenblicken, das ist gewiß. Und ich bleibe dabei: der athenische Gerichtshof hätte sie freigesprochen.« –

Kaum war ich in meiner Stube allein, da sehnte ich stürmisch den Freund zurück. Alle Schwerkräfte, denen Jugend ausgesetzt ist, wenn ihr Liebe, die strahlensammelnde, fehlt, überfielen den Einsamen; die verwegene neue Sprache, die Hugo führte, sie widerhallte von jeder Wand. Zwei Jahre Unterschied bedeuten in diesem Alter nicht wenig; auch hatte er Schwestern und war in Kurorten gewesen. Vieles mir Verborgene sah er, pflegte auch seine Worte wohl zu wägen, und wenn er dem wunderlichen Mädchen den Leib der berühmten Griechin zusprach, so mußte er wissen, warum.

Zuweilen redete ich mir ein, im Innern alles längst zu wissen und zu besitzen, glaubte auch, es läge bloß an mir, sobald ich wollte, in den Bereich der weisen Sprüche zurückzukehren; dann wieder hielt ich es für Ehrensache, das Geheimnis zu ergründen. Am liebsten hätte ich einen Traum um Belehrung gebeten oder mich zunächst aus einem Buch unterrichtet. Im Kadinger Sprechzimmer standen gewiß die rechten Folianten beisammen; vielleicht hatte ich sogar schon darin geblättert; gewiß waren auch Bilder darin, wo die Figur der weiblichen Schönheit eingezeichnet war wie die Sternenbilder auf der blauen Himmelskarte. Doch was hilft ein Buch, wenn es einem zu früh oder zu spät begegnet? Vom Traum-Organ aber war schon gar nichts zu erwarten; es wählt ja nie die Gegenstände, die man wünscht. So blieb nichts übrig, als die Wirklichkeit zu befragen. Landshut freilich, wie ich es kannte, war keineswegs Athen; hier galten strengere Sitten als zu Florenz unter Savonarolas höchster Macht. In Bild und Leben war Nacktheit verpönt; Nonnen ähnlich, bis zu Kinn und Ohren verhüllt, wandelten Frauen und Mädchen durch die heiteren Straßen; ja gerade damals bebte die ganze Stadt vor Entrüstung über ein junges Mädchen, eine Berlinerin, die sich schamlos, die Arme bis zu den Ellenbogen hinauf entblößt, in die Dominikanerkirche gewagt hatte, wo sie denn, wie sichs gebührte, vom Küster hinausgewiesen worden war.

Den Freund vermied ich bald; bald wieder konnte ich mich bis zum späten Abend nicht von ihm trennen. Er war im ganzen verschlossener gegen mich; aber was lag daran, wenn er mich nur bei sich duldete. Sein Wesen, so weich und so scharf wie ganz fein gemahlener Pfeffer, war und blieb das Gewürz meiner Tage.

Die einsamen Ferngänge wurden nicht aufgegeben, und wie von selber setzten sie sich meistens den Moniberg zum Ziel. Hier blühte jetzt auf kalkhaltigem Boden der gelbe, braunseiden bebänderte Frauenschuh, den die Mutter immer wieder vergeblich ihrem Garten einzugewöhnen suchte, dazwischen wohl auch einmal jene seltene Orchis, die einer schwarzpurpurnen Sammetfliege gleicht. Ein gerölliger Hang steigt nach oben; dort übersah man weithin den Himmel, an dem jetzt oft lichteste Schleier lagen wie Gewänder, die ein azurener Geist eben abgestreift hat, während unter silberhellem Rauch die altersbraune ziegelrot gesprenkelte Stadt ruhte mit ihrem Tun, dem höchsten des Heimatlandes. Herrlich war es dann, einen großen Stein aus dem Boden zu stampfen und ins Rollen zu bringen; man hörte ihn hinabstürzen und schließlich an einen Baum prallen, – Stille trat ein, seine Bahn schien zu Ende. Aber nach Sekunden schlug er abermals auf; nun stellte man sich vor, daß er drunten im Wald einen Wanderer verletzt oder eine Natter erschlagen habe, und empfand ein schwermütiges Machtgefühl.

Das Verseschreiben hörte mehr und mehr auf; Hugos Rede wirkte nach und unterband jedes Neugebild. Erfahrung fehle mir, hatte er, wenn auch im Zorn, behauptet, mir ein schimpflicher Vorwurf, gegen den ich noch immer vergeblich Einwände suchte. Wie hätte ich auch ahnen oder gar aussprechen können, daß wir unbewußt ewig den Menschen suchen, der so wachträumend klar durch das Dasein geht, als ob er keiner Erfahrung bedürfe, dem etwas im Herzen glüht, ein wissendes Feuer, das hundert Erkennungen zu nichts verbrennt, um vielleicht eine einzige zur Dauer zu härten. Solcher Ahnungen war ich nicht fähig; vielmehr begann ichs als Befreiung zu fühlen, daß die Muse mich verließ, und wartete auf Erfahrungen.

Ein einziges Mal, an einem Sonntagvormittag, beschlich mich das Reimfieber. Der Professor hatte sehr bedenklich vom kranken geistlichen Rat gesprochen, als handle sichs nur noch um Tage, vielleicht nur um Stunden, schon seien Beratungen im Gange, welche Körperschaft als erste dem Sarg werde folgen dürfen, ihn selber habe bereits der ›Niederbayrische Kurier‹ gebeten, einen ehrenden Nachruf druckfertig zu halten, doch werde er kaum Zeit finden, ihn zu schreiben.

Ungeheuerlich kam es mir vor, daß man gelassen Tod und Grab eines Menschen besprach, der noch mit uns atmete; doch begann ich arglos etwas Ähnliches, indem ich Papier und Bleistift nahm und im Versmaß der Ottaverime, das mir besonders angehörte, den alten Herrn wie einen schon Verblichenen zu rühmen, seine Schüler aber als erbarmungswürdige Waisen ihres geistlichen Vaters jämmerlich zu beklagen anhub, so daß am Ende wirkliche Tränen auf die Schrift niederfielen. Die Feder, nach langer Enthaltung, sprang wie ein Flämmchen von Reim zu Reim, und vielleicht wäre das Gedicht zustande gekommen, wenn sich nicht hinter mir die Tür geöffnet hätte. Den Professor vermutend verbarg ich das Blatt; es war aber das Dienstmädchen, das die Stube aufräumen wollte.

»Ach, nur die Phryne«, sagte ich vor mich hin und schrieb weiter; aber das Mädchen wandte sich mit einer ihm sonst nicht eigenen Heftigkeit um:

»Warum sagen Sie Frine zu mir? Ich heiße Line und wünsche mir keinen anderen Namen.«

»Sie können sich nur etwas einbilden«, entgegnete ich. »Phryne war die schönste Dame von ganz Griechenland – fragen Sie unsere sämtlichen Herren Professoren!«

»Dahinter steckt ja doch nur ein Spott.«

»O nein! Es hängt mit dem Unterricht zusammen«, erklärte ich in verdrießlichem Ton, »mit der griechischen Geschichte. Da lasen wir neulich einen sonderbaren Satz, den ich gar nicht verstand, und ich wollte Sie schon lange fragen oder bitten –.«

»Sie? Mich? Ich hab doch nicht studiert! Warum fragen Sie nicht unsern Herrn Professor?«

»Die Herren verstehen sich ja nur auf die Wissenschaft; vom wirklichen Leben sagen sie uns nichts.«

»Immer lernen, immer lernen – wozu? Nur eins ist not«, rief Line besänftigt und schüttelte ihr Staubtuch zum Fenster hinaus, als winke sie jemand.

»Phryne«, fuhr ich fort, »war schwer verklagt worden wegen Asebie, das ist soviel wie Gottlosigkeit, und sie sollte sich vor dem obersten Gerichtshof in der Stadt Athen verantworten. Ihre Sache stand nicht gut; viele Zeugen sprachen gegen sie, es ging um ihren Kopf. Da wußte sich ihr Rechtsanwalt keinen anderen Rat mehr; aber bitte, Line, lesen Sie doch selbst –.«

Ich nahm die Übersetzung aus dem Büchergestell, schlug sie auf und gab sie ihr in die Hand, worauf ich mich wieder an mein Tischchen setzte und mir Mühe gab, gelangweilt auszusehen. Sie las, den Zeigefinger unter den Zeilen, Röte beflog ihr Gesicht, schweigend legte sie das Heftchen weg und begann den Spiegel abzureiben.

»Und nun behauptet Hugo, Sie seien eine griechische Gestalt, ja Phryne könne kaum anders ausgesehen haben als Sie, und weil ich wirklich das Verhalten der athenischen Richter nicht begreifen konnte, so kam ich auf den Gedanken –«

In diesem Augenblick verkündete die Glocke von Sankt Jodok feierlich die heilige Wandlung des Brotes und Weines, die sich drüben vollzog. Und schon war ich für Line gar nicht mehr zugegen; sie legte ihr Gerät beiseite, sank, zur Kirche hingewendet, in die Knie, bekreuzigte sich und klopfte an ihre Brust. Beschämt und zornig stand ich da in meiner Sündigkeit, fand mich aber bald beruhigt und emporgestimmt, als mir über Hugos rätselhaften Ausspruch ›sie hat Schönheit, in manchen Augenblicken‹ ein jähes Licht aufging. Nicht ein Zug von Geziertheit oder Spiel war nämlich in der Art, wie sie dem Wunder ihre Verehrung erwies; aus dem Innersten heraus durchleuchtete sich das blasse jungfräuliche Gesicht, ja die weißen Fäden, die mir jetzt in dem dunklen Haar auffielen, sie schienen sich unter einer unsichtbaren Glut soeben erst gebleicht zu haben. Groß war mein Verlangen, ihrem Beispiel zu folgen, gleich ihr zu knieen und anzubeten, wie es uns gelehrt war; auch fühlte ich, wie schmerzlich sie es von mir erwartete. Aber Trotz und Scham befingen mich; zwar erhob ich mich vom Sitz, vermochte mich aber nicht zu beugen. Ja, sowie sich das Mädchen wieder zur Arbeit kehrte, erwachte neuerdings der Versucher; ich brachte es über mich, in meiner leichtfertigen Rede fortzufahren und eigensinnig zu fordern, was ich im Grunde gar nicht wünschte. Der Trieb, zu enthüllen, aufzureißen, hatte damals wenig Macht in mir; überdies war mir Line, wenn ich sie auch wunderlich fand, in Wahrheit viel zu klösterlich-ehrwürdig, als daß ich ein gewöhnliches Wesen von Fleisch und Blut in ihr zu sehen gewagt hätte. Sehr glich ich dem Knaben, der hartnäckig nach dem Wolfe rief, weil er nicht an ihn glaubte, und hätte das Mädchen Ernst gemacht, wäre sie meinem Drängen im geringsten entgegen gekommen, ich würde wahrscheinlich verstört und empört die Flucht ergriffen haben.

»Man legt jetzt so viel Wert auf Anschauungsunterricht«, begann ich zögernd, kam aber nicht weiter; denn plötzlich wandte sie sich mir entgegen mit einem Blick, vor dem nichts übrig blieb als zu schweigen.

Während meiner letzten Ferien hatte die Mutter eine Kakteenart gezogen, die ich anfangs durchaus nicht als Pflanze anerkennen wollte; denn was man da im Topf erblickte, glich eher einem dunkelgraugrünen Kieselstein, bis auf einmal, ein feuriges Messer, die große Blüte sich hervorzückte, die dem scheintoten Gewächs den lebendigsten Sinn verlieh. So wurde mir jetzt unter Lines drohendem und leuchtendem Schauen zumute; erschrokken sah ich von ihr weg. Ihr jedoch schien meine Verlegenheit wehzutun; mit eifrigem Reden suchte sie mir darüber wegzuhelfen.

»Wie viele Bücher Sie schon beisammen haben!« sagte sie staunend. »Müssen Sie das alles lernen? Und der schöne perlmutterne Rosenkranz! Lange, lange schon hängt er dort am Nagel. Darf man ihn ansehen?«

»Warum nicht?«

»O, da bin ich so frei. Ist er geweiht?«

»Hochgeweiht. In Altötting. Vielleicht sogar in Rom.«

Sie nahm ihn herunter und stäubte ihn umständlich ab.

»Auch das Kreuz ist von Perlmutter – o schön!«

»Sie können ihn haben, Line, wenn er Ihnen gefällt.«

»Vielleicht zu Pfingsten für das Hochamt einmal?«

»Nein, nicht leihen! Er gehört Ihnen.«

»Um Gottes willen! Ist er nicht von Ihrer Frau Mutter?«

»Ich hab noch einen andern. Und er verkommt nur dort an der Wand.«

»Schlimm genug. Schlimm genug. Vorhin haben Sie sich bei der heiligen Wandlung nicht einmal verbeugt. Auch vergessen Sie jetzt immer auf das Weihwasser beim Schlafengehen. Schon einmal war ich nahe daran, zu Ihnen hineinzukommen und Sie damit zu besprengen.«

Sie wickelte die Kette schimmernder Kügelchen um Hand und Handgelenk. »Verstehen Sie die Perlen?« rief sie verzückt wie ein Kind. »Hier diese fünf bedeuten die freudenreichen Geheimnisse, diese die schmerzlichen, diese die glorwürdigen!«

Rasche Schritte nahten draußen. Eine Sekunde lang sah es aus, als wollte Line wirklich den Rosenkranz an sich nehmen; mir blieb vor Freude der Atem aus, – dann aber hängte sie ihn doch an die Wand zurück, und dies machte mich traurig. Die Frau Professor trat ein und gab ihr einen kurzen Befehl, worauf beide das Zimmer verließen. Allein gelassen, sah ich es als bittere Kränkung an, daß Line meinen Rosenkranz verschmähte, und erklärte sie aller Liebe auf ewig unwürdig, mußte mir aber zugleich gestehen, daß mein Denken in eine neue Phase getreten war. Bis zum Widersinn verkehrt kam es mir nämlich auf einmal vor, daß dieses eigenartige Wesen Tag um Tag die niedrigsten Dienste für uns alle verrichtete, während es doch so klar, so einleuchtend war, daß wir anderen sie hätten bedienen und verwöhnen sollen. Schließlich suchte ich mir einzubilden, daß sie alles nur in höherem Auftrag tue, um die Herzen derer zu prüfen, denen sie diente, und faßte den Vorsatz, ihr bei nächster Gelegenheit etwas Gutes zu tun.

In der folgenden Nacht hatte ich gleich nach dem Einschlafen einen ängstlichen Traum, dessen Anlaß nun Jahre zurücklag. Onkel Georg, in violettem, silberblumigem Zaubermantel, nahte mit hohem, goldenem Gefäß, entnahm ihm etwas Winziges, Dunkles, kaum Sichtbares, und befahl mir, es zu essen. Voll Glück und Andacht niederknieend, sah ich es an; es war eine von den kleinen braunen Samenkapseln des Portulaks, die ich im Herbst immer hatte pflücken und einsammeln müssen. Etwas unheimlich fand ich es zwar, daß der prächtige Mantel, der noch eben einem kostbaren Meßgewande glich, genau betrachtet, aus elendem Zeitungspapier bestand; aber nun dachte ich an das lange bunte Rohr, das mir der Zauberer einst aus dem Hals gezogen; ich hoffte, er werde mich auch jetzt mit einem feinen Kunststück überraschen, und nahm das Kapselchen ein. Doch hatte ich es kaum im Munde, da quoll es riesig auf, und wie heftig ich auch schluckte, schrecklich aus Gaumen und Zunge wuchsen immer neue Samenkapseln nach. Erstickend fuhr ich auf, ohne sogleich ganz zu erwachen. Durch allen Traum hindurch hatte ich ein leises Öffnen der Türe vernommen, die neben meinem Kopfkissen schloß. Jetzt sah ich die mondhelle Stube; der Spiegel gegenüber füllte sich mit Schimmer. Flüsterworte wohlbekannten Segens trafen mein Ohr, zugleich spürte ich Stirn und Augen kühl benetzt; das Mädchen war eingetreten.

»Hab ich Sie geweckt? O wie leid mir das tut!« hauchte sie, noch einmal mich besprengend, und wollte sich wieder entfernen; ich griff aber nach ihrer Hand und hielt sie fest.

»Bleiben Sie, Line, – ich habe so schwer geträumt.«

»Nein, ich gehe, ich gehe – aber was hat Ihnen geträumt?«

»Ein Zauberer wollte mich ersticken mit lauter Blumensamen – grauenvoll!«

»Still, still, armes Kind! Aber wer wird auch ohne Weihwasser zu Bette gehen! Schlafen Sie in Frieden! Gute Nacht!«

Sie verließ aber das Zimmer nicht sogleich, sondern trat ans offene Fenster und sah zur Wohnung des geistlichen Rates hinüber.

»Wissen Sie schon, daß er es überstanden hat? Es soll ein harter Kampf gewesen sein. Der Herr geb ihm die ewige Ruhe!«

Sie erwartete, daß ich die Formel vollenden würde, ihrem Tonfall war es anzuhören; aber ich schwieg. Sie kehrte zurück und fragte:

»Wünschen Sie nicht, daß das ewige Licht ihm leuchte?«

Dabei faßte sie mich an der Schulter mit hartem Griff, der nicht ganz zu ihrem schwesterlichen Geflüster paßte; so pflegten wir Schüler uns auf dem Turnplatz im Ringkampf zu packen. Mir aber war die Sprache genommen; ich suchte das Geheimnis meiner Lage zu ergründen. Bald glich sie der eines Durstigen, dem ein Strahl frischen Wassers mit allzu großer Wucht vorbeischießt, so daß ihm weder zu schöpfen noch zu trinken vergönnt ist. Daß Leben dem Leben ein Fest bereiten wollte, begriff ich und war mitzufeiern von Herzen bereit, spürte aber doch ein Hemmnis, zumal ich die Gebräuche des Gottes nicht wußte, dem ich opfern sollte, und dieses Mädchen war keine Lehrmeisterin der Liebe. Auch empfand ich sie noch immer als ein seraphisch entkörpertes Wesen, das ich fast fürchtete, und der Druck ihrer harten Hand war nicht geeignet, meine Scheu zu vermindern. Bald wieder war mir der bloße Hauch der Minuten Erfüllung genug. Ja, ich sagte mir, daß es etwas namenlos Großes war um die Gegenwart der Jungfrau, dieser vom Himmel Geliebten, die uns ein Geist in das Haus geführt hatte. Sie aber mißdeutete mein Schweigen.

»Nein: ich weiß es, daß ich nicht schön bin«, sagte sie ganz unvermittelt. »Nur zum Spott haben Sie es gesagt –.«

»Was hab ich zum Spott gesagt?«

»Sie wissen schon, was ich meine. Das mit der griechischen Frau, der verklagten.« Sie setzte sich an den Bettrand und bedeckte die Augen mit den Händen, wie weinend oder sich schämend.

»Da irren Sie, Line«, widersprach ich lebhaft. »Sie haben Schönheit, das ist gewiß. Sogar Hugo sagt es, und der weiß, was er spricht.«

»Und Sie! War das Ihr Ernst? Wollen Sie mir das wirklich antun?«

»Was antun?«

»Ich meine, gehört es wirklich zu Ihrer Bildung? Zur griechischen Geschichte?«

Nun verstand ich sie. »Nein, Line, nein!« Ich rief es vor Schrecken so laut, daß sie mir beschwichtigend ihre Hand auf den Mund legte. »Wir haben keine griechische Geschichte mehr diesen Monat«, setzte ich hinzu.

Schon aber war unserm Beisammensein das Ende bereitet. Die Pflegeeltern, von einer Unterhaltung heimkehrend, näherten sich durch die nachtstillen Anlagen dem Hause. Wie mit *einem* Entschluß erhoben wir uns. »Gute Nacht«, sagte Line, eilte fort, kehrte aber zurück. Aneinander gelehnt standen wir auf der Schwelle und lauschten den wohlbekannten Schritten. Jetzt, wo sich die schöne Besucherin entsagend zum Gehen wandte, war alles Harte aus ihr geschwunden; Dunkelheit und Abschied gaben ihr ihren Leib zurück. Sie zog mich an sich; ihr gelöstes Wesen löste unaufhaltsam das meinige, kaum bedurfte es der Umarmung. Wir hörten das Schlüsselgeklingel drunten am Haustor und fühlten uns doch mit unendlicher Zeit beschenkt. Der Geist aber will schauen. Die seligste Verfinsterung darf er nicht anerkennen, obgleich er ewig nur durch sie besteht; er strebt empor und äugt umher. Dunkel gegenüber unter Frühlingsgestirnen stand das Haus des toten Lehrers; ich sah das Dach mit grausilbernen Mondrändern, sah das Fenster erleuchtet, aus dem er einst herübergeblickt und meine vermeintliche Fleißlampe beachtet hatte. Dort mußte er nun liegen, heilig bleich, unfähig zu mahnen oder zu strafen, ein großer Hauch von Freiheit wehte durch die Nacht.

Von solchen Gedanken aber ahnte das Mädchen nichts; der weiblich wache Sinn haftete träumerisch an Gegenwart und Nähe. Dennoch trieb der Augenblick das Innerste aus ihr hervor, und indem sie, verzichtend, sich anschickte, in ihre strenge, nach Auserwähltheit verlangende Art zurückzukehren, sprach sie leise und feierlich sonderbare Worte, die ich erst später ganz verstand:

»Das Leben ist verschüttet. Es gehört mir nicht. Ich darf nie wiederkommen. O ich will beten. Du aber hast keine Sünde. Gute Nacht.«

Der Professor ging nicht, wie sonst, in sein Zimmer, sondern geraden Wegs auf meine Türe zu, die er nach kurzem Klopfen öffnete:

»Es tut mir leid, Sie wecken zu müssen. Der geistliche Rat ist gestorben. Tun Sie mir den Gefallen, befördern Sie morgen, noch vor dem Unterricht, diesen Brief an die Zeitung, damit sie sich wegen des Nachrufs noch schnell an einen anderen wenden kann! Uns armen Schulmeistern wächst die Arbeit über den Kopf«, brummte er, die Türe schließend, »Ihr Schüler könntet euch auch einmal rühren. Wofür hat man euch einen deutschen Stil beigebracht!«

Ich verließ das Bett, zündete die Kerze an und suchte das begonnene Gedicht hervor. Obgleich mir die Strophen gerade nicht mehr sonderlich gefielen, ließ ich sie doch stehen und schrieb einfach weiter, ohne Rührung diesmal, wie ich glaubte, fast widerwillig, als handle sichs um eine Schulaufgabe, die fertig werden mußte. Ich hatte den Pflegevater verstanden und wollte mich nicht ein zweites Mal mahnen lassen. Doch wurde mir unversehens die Beschäftigung erfreulich; die Verse kamen ins Fließen, und ich war froh darum; denn irgendwo im Hintergrunde raunten doch allerlei Zweifel und Fragen, die ich ganz gern von den Ottaverimen übertönen ließ.

Endlich war das Machwerk schlecht und recht beendet; ich beschloß, nicht mehr zu Bette zu gehen, sondern mich kalt zu waschen, sodann das Ganze ins reine zu schreiben und bald meinen Weg anzutreten.

Aber noch war das Abenteuerliche der Nacht nicht ausgeschöpft. In der Küche frisches Wasser holend, sah ich die Türe zur Magdkammer halb offen stehen und erfuhr einen der größten Schrecken meines Lebens. Wenig Einzelheiten unterschieden sich im schwachen Mondschein; was ich aber deutlich erkannte, war Lines nackter Arm, der so schlaff aus dem Bette herabhing, daß die Hand halb am Boden auflag. Und nun entfaltete die zweifelhafte Fähigkeit, längst Vergangenes in die Gegenwart hereinzuschauen, wieder einmal ihre volle Wirkung. Die Kadinger Schenke zu den drei Helmen war plötzlich zugegen, und gleich lauerten Vernichtung und Jammer in dem Zwielicht. Nicht anders hatte der Arm des erstochenen Weibes herabgehangen, während rings die Leute gafften, wie der Vater sich um das verlorene Leben mühte, und ich selbst, mit Kindeshänden, so hoch ich konnte, die beleuchtende Kerze hielt. Erst vor zwei Tagen war von Lukretia und ihrem Selbstmord gesprochen worden; der Gedanke, daß nun auch die fromme Line sich das Leben genommen habe, vielleicht aus Verzweiflung über unsere Sünde, machte mich bis ins Herz erstarren. Ihre rätselhaften Worte beim Abschied auf der Schwelle summten mir wieder im Ohr; vor Angst drückte ich die Augen zu und horchte. Aber tief und ruhevoll gingen die Atemzüge der Schlafenden im kleinen Zimmer, und nun wurde das Grauen zum Entzücken; ich mußte meinen ganzen Willen aufbieten, um nicht laut zu weinen und zu lachen. Schließlich, in einer Art Mutwillen meine eigene frühere Gestalt nachahmend, holte ich die Kerze und hielt sie hoch über das Mädchen, das mit entblößter Brust, den Kopf etwas zurückgebogen, dicht am Bettrande lag. Mir fiel ein, mit wie ruhiger Seele, ganz im Amte des Lichtspenders gebunden, ich bei jenem düsteren Vorgang auf die Leiche niedergeblickt hatte, immer wieder des kerzentragenden Königs gedenkend, wenn der Arm sinken wollte; dabei spürte ich, daß mir die Hand ein wenig zitterte, und plötzlich, in seltsamem Unmut, als wollte ich das Bild des Knaben, der ich einst gewesen, für immer verlöschen, blies ich das Licht aus, mußte es jedoch gleich wieder anzünden; die Seele trieb zu neuer Äußerung. Nicht bedenkend, welchen Meinungen ich mich aussetzte, falls jemand mein pantomimisches Possenspiel entdeckte, schlich ich noch einmal ins Zimmer, holte den Rosenkranz und wickelte ihn behutsam um das Handgelenk der Schläferin. Schön schimmerte die Reihe heiliger Perlen auf der bräunlichen dunkelbeflaumten Haut; aber jetzt stöhnte die so wundersam Geschmückte tief auf, als ob ihr jemand einen Schmerz zufügte. Plötzlich hob sie den Kopf und rief mit starren, weit offenen Augen: »Was ist?« – An ein Erwachen hatte ich nicht gedacht, faßte mich aber und flüsterte ihr zu, was mir gerade einfiel, wobei ich mich unwillkürlich ihres eigenen Tons bediente: »Nichts. Nichts. Schlaf in Frieden. Ich freu mich nur, daß du nicht tot bist. Du wirst wiederkommen. Du hast keine Sünde. Gute Nacht!« – »Ach so«, sagte Line, ließ sich lächelnd zurücksinken und schlief, leise schnarchend, gleich wieder ein.

Jetzt war es Zeit, an die Reinschrift zu gehen, bei der sich manche Strophe noch gründlich änderte. Über dem dunklen Moniberge schlug schon der Morgen sein Strahlenrad, als ich die Wohnung verließ. Auf einem Umweg über den Hofgarten kam ich zum Hause der Zeitung und warf den Brief des Professors in den Kasten, dazu mein Gedicht. Es war das alte, den Meistern abgelauschte Reimspiel wie immer, fern allem neuen Gefühl und Getön der Epoche, das uns die Fügung noch vorenthielt. Immerhin mochte dem Ganzen die bewegte Nacht zugute gekommen sein; ich hatte vielleicht öfter daneben gegriffen als sonst und gewann Hugos ungemischten Beifall, der mich auch lobte, weil ich der Einsendung keinen Namen beigefügt hatte. Solange einer nicht ein paar hundert Gedichte beisammen habe, solle er anonym beliben, meinte er. Im Städtchen aber entstand einige Bewegung; man wünschte doch zu erfahren, wer da für den guten alten Mann eine so leidenschaftliche Totenklage angestimmt habe. Schließlich wollte jemand wissen, eine hochbetagte Klosterfrau, deren große Verehrung für den Verstorbenen bekannt war, habe die Verse als letzten schmerzlichen Gruß ihm nachgesungen. Ich ärgerte mich bis zu Tränen, als ich davon hörte; Hugo jedoch, der nach dem Begräbnis ein kleines Leichenmahl mit Märzenbier und Nußtorte veranstaltete, beruhigte mich. Wofern ich es nur richtig auffaßte, läge für mich sogar etwas recht Schmeichelhaftes in jenem Irrtum. Ich ließ mich bald überzeugen; ja beim dritten Glase begannen wir das Gerücht von der dichtenden Nonne noch ein wenig auszuschmücken und beschlossen, es nach Kräften zu verbreiten.

Turmbesteigung

Die letzten Prüfungen waren bestanden, das weiss und rot prangende Schlussfest verrauscht; man überliess die Bücher der Schuljahre für etliche Pfennige einem Jüngeren und packte seinen Koffer. Dass wir frei waren, begriffen wir schnell, und mit dem Abendläuten, das jeden sonst zur Lampe trieb, fing nun erst ein fröhliches Leben an. In der Nacht vor der Abreise ging überhaupt keiner mehr zu Bett; man huldigte dem Herkommen, indem man singend von Weinhaus zu Weinhaus zog, anfangs entzückt von der eigenen Trunkenheit und von den Gefälligkeiten der bedienenden Mädchen, bis uns die stumpfgefärbte Dämmerung erschien, da spürte mancher, daß es doch zuviel der Ledigkeit auf einmal war; in mir wenigstens regte sich ein ähnliches Mißempfinden wie einstmals beim Betreten jener unübersehbaren Granitmassen am Donau-Ufer; ich sah die Freiheit, die vor kurzem noch so seltene, köstliche, schon fast ins Wertlose vermehrt.

Es war heller Morgen, als ich mit Walter und Hugo die Altstadt heraufschlenderte; keiner wußte noch recht, wie er dem neuen Tag begegnen sollte. Die Sonne rötete schon bis zur Uhr herab das alte Backsteingemäuer des gewaltigen Turms von Sankt Martin, als Walter, der scharfäugige, stehen blieb und empordeutete; er hatte zwei Männer entdeckt, die sich trotz der frühen Stunde bereits innerhalb des oberen gotischen Kranzes bewegten, sie schienen gerade auf uns herabzuschauen.

»Schämen sollte man sich! Neun Jahre lang kriecht man um einen der höchsten deutschen Türme herum und besteigt ihn nicht!«

Welcher von uns dreien dies geäußert, weiß ich nicht mehr; aber wie Fremde, die nach Sehenswürdigkeiten Ausschau halten, umgingen wir nun die von innen tönende Kathedrale, manchmal stehenbleibend vor den zerfallenen Inschriften und Bildnissen der Grabtafeln, die in die Kirchenmauer eingelassen sind. Sonderlich anziehend war eine priesterliche Reliefgestalt, an der Ornat und Mitra noch gut erkennbar waren; das Gesicht aber hatten Jahrhunderte dermaßen abgeschliffen, daß es als solches kaum noch bestand. Nicht mehr ganz Antlitz und noch nicht ganz Totenkopf, erschien es ins Monumentale, unirdisch Sanfte vereinfacht, als wäre der gute Geist eines Zeitalters in der Sekunde, da er ins Ewige zurücktreten sollte, für immer in die Sichtbarkeit gebannt geblieben. Rings aber erglühte die Sommermorgenstunde, Wagen voll Obst und Blumen wurden dahergefahren, das fettige staubige Pflaster besprengt. Auf Pfeilern und Vorsprüngen lachten die Tauben des Doms; Beter stiegen die Stufen hinauf.

Am Portal stand eine Bettlerin, weißhaarig, doch ungebeugt, die Wangen krankhaft hohl, die Kleidung etwas nachlässig, doch nicht armselig. Ihre dürre Rechte mehr fordernd als bittend ausgestreckt, murmelte sie mit strengen Mienen etwas Unverständliches; es konnten so gut Flüche sein wie Gebete. Ein Hakenstock aus Weichselholz lehnte neben ihr an der Mauer. Die Kirchgänger schienen sie zu kennen, jeder beschenkte sie; doch wandte sie keinem ihr Antlitz zu, sondern starrte schräg nach oben, und näherkommend sahen wir, daß bläulichweiße Häute ihre Augen überzogen: sie war blind.

Wir wußten unsere Börsen stark erleichtert und waren uns zunächst darüber einig, der Alten nichts zu geben, schämten uns aber schließlich doch, unter so vielen Mitleidigen an den blinden Augen vorüberzuschleichen; so scharrten wir denn zusammen, was an kleiner Münze verblieben war, und warfen es in die heischende Hand.

Im Dom legte sich eben der erste Orgelsturm; die Musik verließ ihre hohen Himmel, glitt zur Erde und machte sich klein, um die Stimmen der Gläubigen auf ihren Rücken zu nehmen; dann stieg sie wieder auf, mit dem gemeinsamen Gesang beladen, und niemand achtete auf uns, als wir abseits die schmale Pforte suchten, den Eingang zum Turm.

Einem Seil entlang, im Dunkeln, stiegen wir aufwärts. Noch einmal, durch überglastes Rund, erschien das Kircheninnere. Die Sonne kam eben über dem Altar herauf; durch Scheibenbilder breitete sie ein blaues, rotes und goldenes Gestrahle über den ganzen Gottesdienst. Beim nächsten Fensterchen sahen wir bereits die Stadt in der Tiefe liegen, verweilten aber nicht, sondern naschten nur an dem süßen Schwindel, den wir oben maßlos zu erleben hofften. Wind, von Luke zu Luke sausend, riß die letzten Weihrauchspuren fort; immer neue kleine Fenster folgten, und bald bemerkten wir einen braungrauen Vogel, der beharrlich den Turm umflog, manchmal scharf nach unten stoßend, um gleich wieder emporzuschnellen. Er schien unsern Aufstieg zu vernehmen und in immer engeren Kreisen zu begleiten.

Es wurde lichter; wir näherten uns dem Gelaß, wo dunkel in heiliger Gefangenschaft die Glocken wohnen; aber nun zeigte sich, daß wir zu rasch gegangen waren, auch mochten Schlafmangel und Wein geschadet haben: Hugos kranke Atmung versagte plötzlich. Mit einem erschreckend schwachen Laut blieb er stehen und stützte den Kopf an die Mauer. Da gar kein belebendes Mittel zur Hand war, konnten wir nichts tun, als ihm den Schweiß von der Stirne wischen und ihm ermutigend zusprechen, bis wir eine kleine Besserung zu spüren glaubten; dann ließen wir ihn ruhen und saßen nun zu dritt auf Stufen schweigend übereinander. Ich hörte durch die Turmstille das gejagte Herz des Armen und suchte im Zwielicht seine Züge, die er aber immer wieder in den Händen verbarg. Auch mich ereilten jetzt Nachwirkungen der Nacht; Gaumen und Zunge wurden seltsam spröd, wilde Reizbarkeit quälte die Nerven. Ja, die Ohnmacht des Freundes griff leise auf mich über; zugleich zürnte ich ihm, daß er sein Gebrechen in diese Höhe mit heraufgenommen hatte, statt es drunten in der Stadt zu lassen. Dann wieder gedachte ich der väterlichen Heilkräfte, – wie oft schon hätte ich sie gern an ihm erprobt! Aber er hielt ja nichts von Mitteln und Mittelchen, dieser Eigenwillige; unvermittelt aus den Gestirnen selber wollte er alles empfangen, das Leben wie den Tod.

Tief durch Mauerscharten leuchtete wohlbekannte Welt herauf; doch war auch sie nicht mehr die nämliche. Ungewohnte Blickhöhe, schmale Umrahmung, vielleicht auch die Beschattung der Seele durch ein so nahes Leiden, dies alles bereitete die Stimmung einer Sonnenfinsternis. Es war wie ein Herbsteln mitten im Sommer über diesem himmelumgebenen Moniberg, der oben in die Weidengründe überging, über den Gärten von Sankt Loretto und über dem baumbewachsenen Platz beim Gymnasium, wo jetzt ein fahrender Wagen einen Fensterblitz heraufwarf. Schloß ich die Augen, so schwebte silbergrau das Bischofsbild in mir, das drunten, geisterhaft beharrend, im Stein dahinschwand; mir fiel ein, daß einstens alle Angehörigen des Adels und der Geistlichkeit im Gotteshause selbst oder ganz nahe bei ihm bestattet wurden, desgleichen die Arbeiter, die vom Bau abgestürzt waren. Über einem dichten Kranz von Gräbern weilten wir hocherhoben; mit einer feierlich wunderbaren Freude drängte sich dies auf. Wie wurden Stadt und Landschaft um ihrer Toten willen schön! Die tiefste Sicherung des Daseins kam von ihnen, und nichts erschien mir auf einmal sinnloser, als daß wir nun dies alles für immer aufgeben sollten. In anderer Stadt und anderer Gegend neues Schicksal zu gewärtigen, sträubte sich etwas im Innersten, ja die so lang ersehnte Freiheit verwandelte sich in bittere Verstoßung.

Indessen hörten wir über uns Tritte auf dem Bretterboden, der uns noch vom Haus der Glocken trennte; Staub rieselte nieder, und eine ältlich-brüchige Stimme zwang zum Aufhorchen:

»Die ganze Stadt füllen sie mit ihrem Singsang und Farbengeflunker und schauen drein wie die Herren der Welt, – warum? Weil sie nach jahrelangem Schulbankdrücken endlich nicht mehr fürchten müssen, daß der Lehrer sie sitzen läßt.«

»Nun, die paar vergnügten Tage nach so strenger Zucht sind ihnen doch wohl zu gönnen...«

Diese zweite Greisenstimme hatte vollen milden Klang; aber die erste wollte recht behalten:

»Sag einmal selbst, was haben sie getan mit ihrer Zeit? Was irgend Nutzen schafft, ist es nicht verpönt in diesen Träumerkasernen? Sprachen lernen, die auf Gottes weiter Erde niemand mehr spricht, Verse vermoderter Dichter, die von keiner neuen Form des irdischen Verkehrs das mindeste geahnt haben, – soll das heute noch erlaubt sein? Zeig mir einen dieser Zwanzigjährigen, der fähig wäre, sich auf eines Tages Dauer sein Brot zu erwerben oder der Menschheit einen Dienst zu tun!«

»Der Mann hat nicht ganz unrecht«, bemerkte Walter halblaut; aber Hugo, jäh wiederbelebt von der beizenden Rede, versetzte ihm freundschaftlich einen Rippenstoß und gab uns flüsternd zu erwägen, ob wir dreistimmig, mit dem zum Schlußfest eingeübten Chorgesang aus der Antigone, den Schmähsüchtigen bestürzen sollten oder ob er allein ihm, bauchredend, als Turmgeist, gewissermaßen aus der Wand heraus, ein grausiges, ganz nahes Ende wahrsagen sollte. Dazu kam es aber nicht; denn klar und sanft entgegnete der andere Unsichtbare. Was er aussprach, ging nur halbverstanden über uns hin, doch merkten wir, daß wir in Schutz genommen wurden. Und wie wohl ein Zeichen in junge Rinde geschnitten, mit der Natur des Baumes weiterwächst und sich vertieft und umformt, so könnte auch ein kaum begriffenes frühes Wort in langen Lebensjahren mit uns reifen und schließlich auf neue Weise wieder sagbar werden:

»Jede Schule auf Erden vertritt eine höhere, die noch nicht ist. Heil und Ehre dem Werktüchtigen, der jeden Abend seine treffliche, nutzbare Leistung aufweist! Große Wächter müssen sein Los im Herzen tragen; nie soll er sich so sehr ermüden dürfen, daß er die Freude am eigenen Leben verliert! Andere aber bringen die Welt zum Tönen, und diese ist weiblicher Art: welcher Ton in ihr angeschlagen wird, in diesem schwingt sie lange fort. Stoffgebundene Führer überliefern ein ganzes Zeitalter der Stofflichkeit; ein einziger Beflügelter aber segnet es mit

Veredlung roher Liebeskraft und glühender Erkenntnis. Laß die menschliche Gemeinschaft nur noch aus Tageszweck und -emsigkeit bestehen, nimm die großen Versonnenen aus dem Gedächtnis der Erde, zerbrich den Ring der Eingeweihten, vernichte für immer die ewig neu bildsamen Gesichte des Altertums, schließe jede Schule, die dann und wann einen Jugendlichen zum Schauen und Ahnen ermutigt, – was bleibt? Bequemer wird man leben, ja, und leichter, – o wie einem, dem man sein Blut nach und nach abläßt, so leicht wird allen Menschen, – traumlos ist ihr Schlaf, traumlos ihr Wachen, keiner merkte es, wie sein Auge den uralt-schönen Tiefenglanz verliert und flach verglast. Ja nimm den Traum aus den Gezeiten, und nie wuchs dieser Dom«!

Sekunden des Schweigens folgten; dann rüstete sich der andere zur Entgegnung:

»Eine hübsche Rede hast du gehalten; aber glaub mir: das Schiff der Menschheit fährt noch lange nicht auf seiner höchsten See! Es muß die Zauberküsten vergessen, von denen es hergekommen ist; dann erst beginnt seine fröhliche Fahrt –.«

Er wollte weitersprechen; aber mit nie erlebtem Schrecken zuckten wir zusammen, es knirschte, seufzte, rasselte neben und über uns, alle Seile gerieten in Bewegung, herzdurchschallend, jedes menschliche Wort abschneidend, läuteten alle Glocken zusammen, und mitsummend, wie umhüllt von Gewittern, bebte der Turm.

Als die letzten Tonwogen verwehten, kamen schattenhaft, entblößten Hauptes, zwei dunkelgekleidete Männer die steile Treppe herab, wünschten, ohne aufzublicken, guten Tag und stiegen schweigend an uns vorüber in die Tiefe.

Wir aber strebten weiter und gelangten über die Glocken hinaus in eine fensterhelle Rotunde, deren kahle Wand mit Namen unzähliger Turmbesucher überkritzelt war. Ein Eisentürchen stand halb offen; man bückte sich zu einem kleinen Schritt und stand auf einmal zwischen Himmel und Stadt, nur durch ein karges Gewinde gotischen Zierats vom Absturz geschieden.

Eisiger Wind fuhr durch Rock und Haar; dabei war mir, als könnte ich durch die kleinste Kopf- oder Schulterbewegung den Turm zum Einfallen bringen. Weder Hugo noch Walter verrieten etwas Ähnliches; unbefangen bezeichneten sie einander die Himmelsrichtungen, indessen ich, um den Turm stabil zu erhalten, kaum atmete und so weit wie möglich von Dom und Häusern weg in die Ferne sah.

Allmählich bemerkte ich im Innern einen Vorgang; ein neues Sinnesorgan schien zu erwachen, bald hinter der Stirne, bald ganz unten in den Lendenwirbeln. Zu vergleichen war es am ehesten einer blaßrötlichen Spirale, die sich im Entstehen ungeheuer schnell drehte und irgendwoher beständig erneuerte, wie die Perlen im Sekt. Vermutlich war es nur der Schwindel selber, der sich solchermaßen versinnlichte; mir aber galt es als eine rettende Funktion, und wenn ich ganz fernhin in den Himmel sah, blieb auch alles in leidlichem Gleichgewicht; sobald aber das Auge zur Nähe heranschlich, brach der Turm gewissermaßen in die Kniee, und immer aufs neue trieb es mich, die schaurige Schwankung zu versuchen.

Glücklich aber, wem Erinnerung den irrenden Blick befestigt! Hatte nicht auch früher einmal Schwindel gedroht? Nur wenige Sekunden, aber schrecklich? Dies lebt nun auf, und während jenes unzureichende Not-Organ hinlischt, klären sich Bilder: mühsamer Emporstieg am Felsenhang über dem Strom, – im schweren Eimer, Befreiung sinnend, blinkt die Forelle, schon weht es fichtenkühl von oben, – aber zu Füßen schiebt sich die Schlucht auseinander, kein Halt ist mehr in der Welt, jäh zur Tiefe zieht der Eimer, – doch still, es wird nichts geschehen, herab über Steine biegt sich das blau gegürtete Kind, mit starker Hand faßt es den Taumelnden, und fest ist wieder die Erde. Die ganze frohe Stunde glänzt heran; die Seele aber schaut durch sie hindurch wie durch ein Heilungsglas in die bedrohte Gegenwart, und siehe, das Rings-um-den-Turm schwankt nicht mehr, tiefruhig liegen Stadt und Fluß mit umgebenden Licht- und Schattengeländen, darin die Telegraphenstangen mit ihren weißen Porzellanknöpfen wie Maiglöckchen stehen, ja hinter silbernen Wolkenpropyläen des Horizonts dämmert die Zukunft, auch sie nicht mehr ängstigend, und leicht und sicher, um die kupfergrüne Spitze, wandelt der Fuß.

Als wir in die Kirche hinunterkamen, war sie fast leer; nur Frauen knieten da und dort vor Kreuzwegtafeln. Auf dem steinernen Weihwasserbecken aber stand eine Taube, und gewiß hatte sie sich nicht zum ersten Mal dahin verflogen; denn gelassen behauptete sie ihren Platz, während wir an ihr vorübergingen, und netzte die Flügel im geweihten Wasser.

Draußen vor dem Portale stand noch immer die Bettlerin. Wie vor einer Stunde starrten die weiß überwölkten Augen in die Höhe, die Hand war noch ebenso fordernd ausgestreckt, und auch die Lippen verharrten in ihrem Gemurmel. Fest waren wir entschlossen, ihr diesmal nichts zu geben und stracks vorüber auf ein Gasthaus loszugehen, fühlten uns aber doch aufgehalten, da wir die völlige Leere der Vorhalle wahrnahmen. Die einzigen waren wir nun, denen sich die schrecklich magere, lederfarbene Hand entgegenstreckte, und dies hatte etwas Zwingendes; verdrießlich zogen wir abermals unsere Geldbeutel; aber keinerlei kleine Münze war da mehr zu finden. Ja, beim Zusammenzählen des übrigen kam es heraus, daß wir in der lustigen Nacht über unsere Verhältnisse gelebt hatten: jedem fehlte ein weniges an der Summe, die ihm zur Heimreise nötig war, auch wenn wir auf das Mittagessen verzichteten. Zwar handelte sichs nur um Pfennige, und wir wußten wohl einige Bekannte, die uns aushelfen konnten, doch ergab eine genauere Überlegung, daß keiner von ihnen sich mehr in der Stadt befand; auch meine Pflegeeltern waren am Abend vorher mit Line in die Ferien gefahren.

In der Erregtheit mußten wir unsere Beratungen etwas laut geführt haben, hielten vermutlich auch die alte Kirchenbettlerin für ebenso taub, wie sie blind war, und erschraken fast, als sie sich eintönig und freundlich vernehmen ließ:

»Kinder, Kinder, so arm, so arm, – könnts nicht heimreisen zu Vater und Mutter – gehts nicht vorüber, gehts nicht vorüber, kommts her zu mir –.«

Damit griff sie in eine Tasche und brachte die tiefgehöhlte Hand, gefüllt mit Geldstücken, wieder ans Licht. Wir sahen einander wortlos an; aber Hugo erfaßte als erster die Lage: »Wenn Sie es erlauben, Frau Mutter, wir sind wirklich in Verlegenheit«, sagte er höflich. Unter sehr viel Kupfer fanden sich auch mehrere Nickelmünzen, sogar etwas Silber.

»Fischts euch nur heraus, was euch abgeht!«

Ohne Lidschlag blieben die lichtlosen Augen der Höhe zugerichtet, indessen wir mit spitzen Fingern die Stücke wählten, die uns dienlich waren. Die welken Lippen gerieten bald wieder in die alte Bewegung, unsern Abschiedshändedruck erwidert sie nur leicht, unsere Dank- und Segensworte schien sie gar nicht mehr zu hören. Durstig und hungrig eilten wir, bevor wir den Bahnhofsweg einschlugen, dem Wirtshaus zu, das uns mit goldumranktem Drei-Mohren-Schild und leuchtenden Geranienfenstern unwiderstehlich anzog. Als ich unter dem Eingang noch einmal zum Dom hinübersah, näherte sich eben ein alter Herr in schwarzem Anzug, den Zylinder abnehmend, dem Portal, zog seine Börse und legte nach längerem Suchen eine Gabe in die fordernde Hand. Ich stellte mir vor, dies müsse eine ungewöhnlich große Spende sein, die reichlich aufwog, was wir unserer blinden Wohltäterin abgenommen hatten; und während mir plötzlich war, als durchlebte ich dies alles nicht zum ersten Male, folgte ich den Freunden in die Schenke.

Inhalt

Deutsche Literatur

Clemens Brentano. Gockel Hinkel Gackeleia
Märchen. Mit Initialen und Lithographien von Caspar Braun nach Entwürfen von Clemens Brentano. Mit einem Nachwort von Franz Deibel. it 47

Georg Büchner/Ludwig Weidig. Der Hessische Landbote
Texte, Briefe, Prozeßakten. Kommentiert von Hans Magnus Enzensberger. it 51

Adelbert von Chamisso. Peter Schlemihls wundersame Geschichte
Nachwort von Thomas Mann. Illustriert von Emil Preetorius. it 27

Matthias Claudius. Der Wandsbecker Bote
Mit einem Vorwort von Peter Suhrkamp und einem Nachwort von Hermann Hesse. Mit den Abbildungen der Erstausgabe. it 130

Joseph Freiherr von Eichendorff. Aus dem Leben eines Taugenichts
Mit Illustrationen von Adolf Schrödter und einem Nachwort von Ansgar Hillach. it 202

Joseph Freiherr von Eichendorff. Gedichte
Mit Illustrationen von Otto Ubbelohde. it 255

Theodor Fontane. Effi Briest
Mit Lithographien von Max Liebermann. it 138

Theodor Fontane. Der Stechlin
Mit einem Nachwort von Walter Müller-Seidel. it 152

Theodor Fontane. Unwiederbringlich
Mit einem Nachwort von Gottfried Honnefelder. it 286

Johann Wolfgang Goethe. Dichtung und Wahrheit
Mit zeitgenössischen Illustrationen, ausgewählt von Jörn Göres. Drei Bände in Kassette. it 149/150/151

Johann Wolfgang Goethe. Faust
Erster Teil. Mit Illustrationen von Eugène Delacroix und einem Nachwort von Jörn Göres. it 50

Deutsche Literatur

Johann Wolfgang Goethe. Faust
Zweiter Teil. Mit Federzeichnungen von Max Beckmann. Mit einem Nachwort zum Text von Jörn Göres und zu den Zeichnungen von Friedhelm Fischer. it 100

Johann Wolfgang Goethe. Hermann und Dorothea
Mit Aufsätzen von August Wilhelm Schlegel, Wilhelm von Humboldt, Georg Wilhelm Friedrich Hegel und Hermann Hettner. Mit Illustrationen von Daniel Chodowiecki u. a. it 225

Johann Wolfgang Goethe. Italienische Reise
Mit vierzig Zeichnungen des Autors. Herausgegeben und mit einem Nachwort von Christoph Michel. Zwei Bände. it 175

Johann Wolfgang Goethe. Tagebuch der Italienischen Reise 1786
Notizen und Briefe aus Italien. Mit Skizzen und Zeichnungen des Autors. Herausgegeben und erläutert von Christoph Michel. it 176

Johann Wolfgang Goethe. Die Leiden des jungen Werther
Mit einem Essay von Georg Lukács »Die Leiden des jungen Werther«. Nachwort von Jörn Göres »Zweihundert Jahre Werther«. Mit zeitgenössischen Illustrationen von Nikolaus David Chodowiecki und anderen. it 25

Johann Wolfgang Goethe. Liebesgedichte
Ausgewählt und herausgegeben von Hans Gerhard Gräf. Mit einem Nachwort von Emil Staiger. it 275

Johann Wolfgang Goethe. Maximen und Reflexionen
Text der Ausgabe von 1907 mit den Erläuterungen und der Einleitung Max Heckers. Nachwort von Isabella Kuhn. it 200

Johann Wolfgang Goethe. Reineke Fuchs
Mit Stahlstichen von Wilhelm von Kaulbach. it 125

Johann Wolfgang Goethe. Die Wahlverwandtschaften
Mit einem Essay von Walter Benjamin. it 1

Deutsche Literatur

Johann Wolfgang Goethe. West-östlicher Divan.
Herausgegeben und erläutert von Hans-J. Weitz. Mit Essays zum »Divan« von Hugo von Hofmannsthal, Oskar Loerke und Karl Krolow. Mit Abbildungen. it 75

Grimmelshausen. Courasche
Trutz-Simplex oder Ausführliche und wunderseltzame Lebensbeschreibung der Erzbetrügerin und Landstörtzerin Courasche. Mit einem Nachwort von Wolfgang Koeppen. Mit Illustrationen. it 211

Johann Peter Hebel. Die drei Diebe
Eine Geschichte vom Zundelfrieder.
Als Bildergeschichte gezeichnet von Wilhelm Hämmerle. it 271

Johann Peter Hebel. Kalendergeschichten
Ausgewählt und mit einem Nachwort von Ernst Bloch. Mit neunzehn Holzschnitten von Ludwig Richter. it 17

Heinrich Heine. Aus den Memoiren des Herren von Schnabelewopski
Mit Illustrationen von Julius Pascin. it 189

Heinrich Heine. Buch der Lieder
Mit zeitgenössischen Illustrationen. Mit einem Nachwort von Eberhard Galley. it 33

E. T. A. Hoffmann. Lebensansichten des Katers Murr
nebst fragmentarischer Biographie des Kapellmeisters Johannes Kreisler in zufälligen Makulaturblättern. Mit Illustrationen von Maximilian Liebenwein. Mit Anmerkungen. it 168

E. T. A. Hoffmann. Der Unheimliche Gast
und andere phantastische Erzählungen. Herausgegeben von Ralph-Rainer Wuthenow. Mit zeitgenössischen Illustrationen. it 245

Jean Paul. Der ewige Frühling
Ausgewählt von Carl Seelig. Illustriert von Karl Walser und mit einem Vorwort versehen von Hermann Hesse. it 262

Literatur aus Frankreich, England, Amerika u.a.

Denis Diderot. Die Nonne
Mit einem Nachwort von Robert Mauzi. Der Text dieser Ausgabe beruht auf der ersten deutschen Übersetzung von 1797. it 31

Alexandre Dumas. Geschichte eines Nußknackers
Mit Illustrationen von Bertall. Herausgegeben und bearbeitet von Josef Heinzelmann. it 291

Alexandre Dumas. Der Graf von Monte Christo
Mit Illustrationen von Pavel Brom und Dagmar Bromova. Zwei Bände. it 266

Gustave Flaubert. Ein schlichtes Herz
Drei Novellen. Umschlagmotiv und Initialen von Heinrich Vogeler. it 110

Gustave Flaubert. Lehrjahre des Gefühls
Mit einem Essay und einer Bibliographie von Erich Köhler. it 276

Gustave Flaubert. Madame Bovary
Revidierte Übersetzung aus dem Französischen von Arthur Schurig. it 167

Gogol. Der Mantel und andere Erzählungen
Aus dem Russischen von Ruth Fritze-Hanschmann. Mit einem Nachwort von Eugen und Frank Häusler. Illustrationen von András Karakas. it 241

Victor Hugo. Notre-Dame von Paris
Aus dem Französischen übertragen von Else von Schorn. Mit einem Nachwort von Herbert Kühn. Mit Illustrationen. it 298

Jens Peter Jacobsen. Niels Lyhne
Mit Illustrationen von Heinrich Vogeler. Nachwort von Fritz Paul. Aus dem Dänischen von Anke Mann. it 44

Jens Peter Jacobsen. Die Pest in Bergamo
und andere Novellen. Aus dem Dänischen von Mathilde Mann, Anka Matthiesen, Erich von Mendelssohn und Raphael Meyer. Mit Illustrationen von H. Vogeler. it 265

Literatur aus Frankreich, England, Amerika u.a.

Choderlos de Laclos. Schlimme Liebschaften
Ein Briefroman mit 14 zeitgenössischen Illustrationen. Übertragen und eingeleitet von Heinrich Mann. it 12

Charles und Mary Lamb. Shakespeare Novellen
Mit 21 Stichen einer Ausgabe von 1837. Auf Grund einer älteren Übersetzung bearbeitet von E. Schücking. it 268

Sir Thomas Mallory. Die Geschichten von König Artus und den Rittern seiner Tafelrunde
Übertragen von Helmut Findeisen auf Grund der Lachmannschen Übersetzung. Mit einem Nachwort von Walter Martin und Illustrationen von Aubrey Beardsley. Drei Bände in Kassette. it 239

Guy de Maupassant. Bel-Ami
Aus dem Französischen von Josef Halperin. Mit zeitgenössischen Illustrationen. it 280.

Guy de Maupassant. Das Haus Tellier
und andere Erzählungen. Aus dem Französischen von Karl Friese und Helmut Bartuschek. Ausgewählt von W. Berthel. Mit zeitgenössischen Illustrationen. it 248

Guy de Maupassant. Pariser Abenteuer
und andere Erzählungen. Ausgewählt von Werner Berthel. Mit zeitgenössischen Illustrationen. Aus dem Französischen von H. Bartuschek und K. Friese it 106

Herman Melville. Moby Dick oder der Wal
Aus dem Amerikanischen von Hans und Alice Seiffert. Nachwort von Rudolf Sühnel. Zwei Bände. it 233

Mirabeau. Der gelüftete Vorhang oder Lauras Erziehung
Aus dem Französischen von Eva Moldenhauer. Nachbemerkung von Norbert Miller. it 32

Michel de Montaigne. Essais
Herausgegeben und mit einem Nachwort versehen von Ralph-Rainer Wuthenow. Revidierte Fassung der Übertragung von Johann Joachim Bode. it 220

Literatur der Moderne

Ambrose Bierce. Mein Lieblingsmord
Erzählungen. Aus dem Amerik. von G. Günther. it 39

Hans Carossa. Eine Kindheit und Verwandlungen einer Jugend. it 295/296

Denkspiele
Polnische Aphorismen des zwanzigsten Jahrhunderts. Herausgegeben und mit einem Nachwort von Antoni Marianowicz und Ryszard Marek Gronski. Mit Illustrationen von Klaus Ensikat. it 76

Hermann Hesse. Dank an Goethe
Betrachtungen, Rezensionen, Briefe. Mit einem Essay von Reso Karalaschwili. it 129

Hermann Hesse. Hermann Lauscher
Mit frühen, teils unveröffentlichten Zeichnungen und einem Nachwort von Gunter Böhmer. it 206

Hermann Hesse. Kindheit des Zauberers
Ein autobiographisches Märchen. Handgeschrieben, illustriert und mit einer Nachbemerkung versehen von Peter Weiss. it 67

Hermann Hesse. Leben und Werk im Bild
Von Volker Michels. Mit dem »Kurzgefaßten Lebenslauf« von Hermann Hesse. it 36

Hermann Hesse. Piktors Verwandlungen
Ein Liebesmärchen, vom Autor handgeschrieben und illustriert, mit ausgewählten Gedichten und einem Nachwort von Volker Michels. it 122

Hermann Hesse. Walter Schmögner. Die Stadt
Ein Märchen. Vierfarbig. it 236

Hermann Hesse. Der verbannte Ehemann
Handgeschrieben und illustriert von Peter Weiss. it 260

Jens Peter Jacobsen. Niels Lyhne
Mit Illustrationen von Heinrich Vogeler. Nachwort von Fritz Paul. Aus dem Dänischen von Anke Mann. it 44

Literatur der Moderne

Jens Peter Jacobsen. Die Pest in Bergamo
und andere Novellen. Aus dem Dänischen von Mathilde Mann, Anka Matthiesen, Erich von Mendelssohn und Raphael Meyer. Mit Illustrationen von H. Vogeler. it 265

Erhart Kästner. Griechische Inseln
Mit einem Nachwort von Heinrich Gremmels. it 118

Erhart Kästner. Kreta
Aufzeichnungen aus dem Jahre 1943. Mit einem Nachwort von Heinrich Gremmels. it 117

Erhart Kästner. Die Lerchenschule
Aufzeichnungen von der Insel Delos. it 57

Erhart Kästner. Ölberge, Weinberge
Ein Griechenland-Buch. Mit Zeichnungen von Helmuth Kaulbach. it 55

Erhart Kästner. Die Stundentrommel vom heiligen Berg Athos. it 56

Marie Luise Kaschnitz. Eisbären
Erzählungen. it 4

Federico García Lorca. Die dramatischen Dichtungen
Deutsch von Enrique Beck. it 3

Wladimir Majakowski. Werke
Band I: Gedichte. Herausgegeben von Leonhard Kossuth. Deutsche Nachdichtung von Hugo Huppert. Mit Abbildungen. it 16

Band II: Poeme
Herausgegeben von Leonhard Kossuth. Deutsche Nachdichtung von Hugo Huppert. Mit neun Abbildungen. it 53

Band III: Stücke, Bühnenwerke, Filmszenarien
Herausgegeben von Leonhard Kossuth. Deutsche Nachdichtung von Hugo Huppert. Mit Abbildungen. it 79

Christian Morgenstern. Alle Galgenlieder
Mit Vignetten Morgensterns. it 6

Literatur der Moderne

Phaïcon 1
Almanach der phantastischen Literatur. Herausgegeben von Rein A. Zondergeld. Mit Illustrationen von Dieter Asmus, Jörg Krichbaum, Friedrich Meckseper, Reiner Schwarz. it 69

Phaïcon 2
Almanach der phantastischen Literatur. Herausgegeben von Rein A. Zondergeld. Mit Illustrationen von Gérard Titus Carmel, Jörg Krichbaum, Jochem Poensgen, Karel Roesel und Jan-Peter Tripp. it 154

Polaris 1
Ein Science Fiction Almanach Herausgegeben von Franz Rottensteiner. Mit Illustrationen von Hans Ulrich & Ute Osterwalder, Helmut Wenske, H. J. Piatkowski, András Karakas. it 30

Polaris 3
Ein Science Fiction Almanach. Herausgegeben von Franz Rottensteiner. Mit Illustrationen von András Karakas, György Korga, Jörg Krichbaum, Harry Morris jr., Laszlo Panner, W. Schmögner und R. Sienkiewicz. it 134

Rainer Maria Rilke. Ausgesetzt auf den Bergen des Herzens
Gedichte aus den Jahren 1906 bis 1926. it 98

Rainer Maria Rilke. Das Buch der Bilder
it 26

Rainer Maria Rilke. Duineser Elegien. Die Sonette an Orpheus. it 80

Rainer Maria Rilke. Geschichten vom lieben Gott
Mit Illustrationen von E. R. Weiß. it 43

Rainer Maria Rilke. Leben und Werk im Bild
Mit einer biographischen Einführung und einer Zeittafel. Von Ingeborg Schnack. it 35

Rainer Maria Rilke. Neue Gedichte
Der Neuen Gedichte anderer Teil. it 49

insel taschenbücher
Alphabetisches Verzeichnis

Cooper: Lederstrumpferzählungen (5 Bde.) it 179-183
Dante: Die Göttliche Komödie (2 Bände) it 94
Daudet: Tartarin von Tarascon it 84
Daumier: Macaire it 249
Defoe: Robinson Crusoe it 41
Denkspiele it 76
Dickens: Oliver Twist it 242
Die großen Detektive it 101
Diderot: Die Nonne it 31
Dumas: König Nußknacker it 291
Eichendorff: Aus dem Leben eines Taugenichts it 202
Eichendorff: Gedichte it 255
Eisherz und Edeljaspis it 123
Die Erzählungen aus den Tausendundein Nächten
(12 Bände in Kassette) it 224
Fabeln und Lieder der Aufklärung it 208
Der Familienschatz it 34
Ein Fisch mit Namen Fasch it 222
Fabre: Das offenbare Geheimnis it 269
Flaubert: Ein schlichtes Herz it 110
Flaubert: Lehrjahre des Gefühls it 276
Flaubert: Madame Bovary it 167
Fontane: Der Stechlin it 152
Fontane: Effi Briest it 138
Fontane: Unwiederbringlich it 286
le Fort. Leben und Werk im Bild it 195
Caspar David Friedrich: Auge und Landschaft it 62
Manuel Gassers Köchel-Verzeichnis it 96
Gasser: Tante Melanie it 192
Gebete der Menschheit it 238
Das Geburtstagsbuch it 155
Geschichten der Liebe aus 1001 Nächten it 38
Goethe: Dichtung und Wahrheit (3 Bde.) it 149-151
Goethe: Die Leiden des jungen Werther it 25
Goethe: Die Wahlverwandtschaften it 1
Goethe: Faust (1. Teil) it 50
Goethe: Faust (2. Teil) it 100
Goethe: Hermann und Dorothea it 225
Goethe: Italienische Reise it 175
Goethe: Liebesgedichte it 275
Goethe: Maximen und Reflexionen it 200
Goethe: Reineke Fuchs it 125
Goethe – Schiller: Briefwechsel (2 Bände) it 250
Goethe: Tagebuch der italienischen Reise it 176
Goethe: West-östlicher Divan it 75